Niederbayern

Gregor M. Schmid Herbert Schindler

FLECHSIG

Titelseite:
Großes Bild: Passau
Kleine Bilder von oben nach unten:
– Neuburg am Inn
– Holledau, größtes Hopfenanbaugebiet Bayerns
– Musikanten in Tracht
– Totenbretter bei Arnsbruck

Rücktitel:
– Im Lamer Winkel sind Kaltblüter zuverlässige Helfer bei der Arbeit.

Seite 1: Eines der vielen schlichten Feldkreuze aus Bayerwaldgranit mit einer gußeisernen und vergoldeten Kreuzigungsgruppe aus dem 19. Jahrhundert in der Umgebung von Bogen.
Seite 2/3: Die beiden weithin sichtbaren Wahrzeichen der Gäubodenstadt Straubing: der Turm der Pfarrkirche St. Jakob, um 1590 vollendet und nach dem Stadtbrand von 1780 mit einem Rokokohelm gekrönt (98 Meter), und der um 1440 fertiggestellte Stadtturm (66 Meter) mit seinen der Wache dienenden vier Ecktürmchen.
Seite 5: Der vorbildlich restaurierte Arkadenhof der Ortenburg beruft mit seinem Wappenschmuck die Ahnen- und Verwandschaft der Grafen von Ortenburg.
Seite 6/7: Stallwang zwischen Cham nach Straubing.
Seite 8: »Große Hochzeiten, Totenmahle und Kirchweihen zu haben ist ehrenhaft und unsträflich...« schreibt Aventin. Zur Freude am Feiern tragen Tracht und Musikanten das Ihre bei.

Nachweis der Schwarz-Weiß-Abbildungen:
Bildarchiv Foto Marburg: 11, 12, 16, 80, 82, 85, 92, 94, 96, 97
Archiv Herbert Schindler: 89, 93, 98

Sonderausgabe für Flechsig-Buchvertrieb
Genehmigte Lizenzausgabe für Verlagshaus Würzburg GmbH & Co. KG, Würzburg

Originalausgabe: Stürtz Verlag, Würzburg
Gesamtherstellung: Egedsa, Sabadell
Printed in Spain 2000
ISBN 3-88189-339-3

INHALT

LAND UND LEUTE

DIE ENTDECKUNG NIEDERBAYERNS

»Erst die Fremde lehrt uns, was wir an der Heimat besitzen.« Dies ist die Erkenntnis eines großen Reisenden – Theodor Fontane – die er seinen »Wanderungen durch die Mark Brandenburg« vorangesetzt hat. Für Niederbayern und die Niederbayern blieb sie lange ein Wunschtraum. Schrieb doch Johann Turmair aus Abensberg (Aventin) in seiner 1533 erschienenen und noch von Goethe gerühmten »Bayerischen Chronik«: »der bair reist nit gern in fremde land ...«

Die Entdeckung Niederbayerns als Reise-, Erholungs- und Urlaubslandschaft fällt mit der vehementen Entwicklung des Tourismus nach dem Zweiten Weltkrieg zusammen. Gefördert wurde sie durch zwei Faktoren: die Entdeckung der Thermalwasserquellen im Landkreis Rottal-Inn, die eine völlig neue Bäderlandschaft entstehen ließ, und die Entdeckung des Bayerischen Waldes als ein ursprünglich gebliebenes Waldgebirge, was zu seiner Erschließung und zur Errichtung des Nationalparks führten. Erst in jüngster Zeit – im Zuge der Vollendung des Main-Donau-Kanals zwischen Riedenburg und Kelheim – ist das Altmühltal zu einer touristischen Attraktion geworden. Die Romantik dieser Flußlandschaft und die einzigartige Idylle ihrer Ufer und Auen ist auf weiten Strecken dahin. Der Europakanal durchschneidet den »Naturpark Altmühltal«. Er ersetzt den unbrauchbar gewordenen, nur noch im Teilstück erhaltenen und romantisch überwachsenen »Ludwig-Donau-Main-Kanal« aus dem frühen 19. Jahrhundert.

Fast hat es den Anschein, als hätten die Niederbayern noch zu Ende des 19. Jahrhunderts sich gegen ihre Entdekkung durch die Eisenbahn gewehrt. Dafür spricht eine Anekdote, die uns Max Peinkofer überliefert hat. Er hatte diese Geschichte von dem Freiherrn von Poschinger auf Frauenau erzählt erhalten. Und der Freiherr hatte sie vom Grafen Bray persönlich erzählt bekommen. Wie es bei derlei mündlicher Überlieferung gar leicht zu kleinen Übertreibungen ins Komische kommt, so dürfte auch hier der Kern der Sache – also der tiefere Grund der Vorsprache beim Grafen – die Sorge um die Abtretung des fruchtbaren Ackerlandes und seine Zerstückelung bei der geplanten Trassierung der Bahnlinie gewesen sein.

Damals war der Schloßherr von Irlbach, Graf Otto von Bray-Steinburg bayerischer Ministerpräsident. Die Schambacher, die sich durch die geplante Bahnlinie in ihrer Ruhe empfindlich gestört fühlten, schickten eine Abordnung aufs Schloß zu ihrem Patronatsherrn. Da standen nun die Schambacher Bauern in ihren Lederhosen und Zispenstiefeln mit etwas abgeschabten schwarzsamtenen Talerwesten vor ihrem hohen Herrn, und der Anführer der Abordnung hub seine Rede an: »Hochgräfliche Exzellenz, mit Verlaub! Die Sach ist also die, wann jetzt einmal der Krieg mit Frankreich ausbricht, dann können die Franzosen direkt mit der Eisenbahn zu uns in den Gäuboden hinüberfahren, in Schambach aussteigen und akkurat bei uns die erste Schlacht anfangen. Dann könnts heißen Schambach und Schambecker, Pfuet enk Good! Und dieses Unglück möchten wir halt gern vermeiden. Davon wegen täten wir nun recht ehrerbietig bitten, Herr Graf, daß die Bahn nach Amselfing hinüberkommt und ja nicht zu uns ...«

Dieser Bitte wurde vom Grafen entsprochen, die Bahnstation kam nach Amselfing, obwohl sich der Graf »aus allgemeinem Interesse« dafür eingesetzt hatte, daß die Bahn nach Irlbach komme.

Graf Bray war einer der letzten noblen Staatsmänner und Diplomaten des alten Bayern. 1807 geboren, wurde er mit 40 Jahren bayerischer Minister, dann Gesandter in Petersburg und Wien. Als Ministerpräsident unterzeichnete er 1870 in Versailles den Vertrag über den Eintritt Bayerns in das neue deutsche Reich und schrieb dann an seine Frau - eine italienische Prinzessin. - »Dies ist der Anfang des neuen Deutschland und ... das Ende Altbaierns«.

Wir kennen eine alte Photographie von ihm, die ihn aufrecht im Lehnstuhl zeigt: der markante Kopf vom weißen Haar und Bart gerahmt, die knochige Hand auf dem Knie. Sein Vater, Franz Gabriel de Bray aus Rouen, königlich bayerischer Geheimer Rat, und von König Max Joseph I. 1813 zum Grafen erhoben, hatte Schloß Irlbach mit den Hofmarken Schambach und Triching käuflich erworben. Er ließ es durch Münchner Künstler prächtig ausstatten. Leo von Klenze lieferte dazu die Pläne für den Festsaal, Ludwig von Schwanthaler entwarf die Friese, hinzu kamen noch Möbel und Öfen in nobelstem Klassizismus. Irlbachs neugotisch überfangene Schloßidylle und seine Parklandschaft blieben erhalten. Und doch hat das immer dichter werdende Netz der Eisenbahn Niederbayerns Donautal und das von zahlreichen Flußtälern begleitete Hügelland für den Reiseverkehr erstmals erschlossen. Hinzu kam die Donauschiffahrt mittels Dampfschiffen, die die ältere Beförderungsmöglichkeit - die Ulmer Schachtel - ersetzte. Fast gleichzeitig war mit der Eröffnung der neuen Eisenbahnstrecken von Salzburg nach Wien der einst rege betriebenen Inn- und Salzachschiffahrt die Lebensgrundlage entzogen worden.

UNIVERSITÄT UND GEISTESLEBEN

Handel und Wandel, Industrie und Gewerbe, Geistesleben, Kunst und Kultur konzentrierten sich auf einige größere Städte, die am Rande liegen und Niederbayern als Städtebilder von Rang klangvoll rahmen: Regensburg, Passau und Landshut. Die Reihe der kleineren Donaustädte - Straubing, Deggendorf, Plattling und Vilshofen - partizipierten an der Donauschiffahrt oder an ihrer günstigen Lage im Schnittpunkt der Eisenbahnlinien wie Plattling.

Die alte niederbayerische Herzogsstadt Landshut erhielt im Jahre 1800 die von Ingolstadt hierher verlegte Universität. Doch 1826 wurde diese in vielen Fakultäten mit Kapazitäten neubesetzte Universität nach München verlegt. Im ehemaligen Universitätsgebäude - einem säkularisierten Dominikanerkloster - wurde 1839 die Regierung von Niederbayern untergebracht. Im Jahre 1932 - und hier kommen wir auf die heute noch problematische Ausgrenzung Regensburgs aus Niederbayern zu sprechen - wurde die Regierung aus »Ersparnisgründen« nach Regensburg verlegt und bildete dort bis 1857 die Regierung des Doppelbezirks Niederbayern-Oberpfalz. Regensburg war als eine alte, zum Teil protestantische Reichsstadt immer eine Enklave im alten Niederbayern und eigentlich nie ein Teil der Oberpfalz. Auch Passau kam erst 1803 zu Niederbayern. Als historische Bischofsmetropole war die

Blick auf Passau von Nordost vom Klosterberg (vor 1914)

Dreiflüssestadt überwiegend nach Österreich orientiert, wo rund drei Viertel ihres ausgedehnten Bischofssprengels lagen; als Hochstift unterstand dem Bischof als Landesherr ein eigenes weltliches Gebiet: das Stiftsland. Der Bischof war zugleich Stadtherr. In Respektierung dieser historischen Bedeutung verlegte man 1806–1839 den Sitz der Königlichen Regierung des damals gebildeten Unterdonaukreises nach Passau.

Als man im Jahre 1972 zur Gründung der Universität Passau schritt, machte sich das Gründungskuratorium gar nicht lange Gedanken, welchen Namen die Neugründung tragen solle und nannte sie schlicht »Universität Passau«. Eine so bekannte Persönlichkeit wie Alexander von Humboldt gab es in Passau und in Niederbayern nicht und so verzichtete man auf einen Namenspatron. Dennoch gab es Wissenschaftler und Entdecker deren Namen über die Grenzen des Landes hinaus bekannt wurden. Franz von Paula Schrank, 1747 in Vornbach am Inn als Sohn des Klosterrichters geboren, Schüler der fürstbischöflichen Auerspergischen Akademie in Passau, war nur den Botanikern, als der Begründer ihrer Wissenschaft, bekannt. Mathias von Flurl, 1756 in Straubing geboren, der Begründer der Mineralogie und Geologie Bayerns, hatte zwar wie sein großer Kollege Humboldt (ein Jahr vor ihm) die Bergakademie Freiberg besucht, um sich (wie Humboldt) bei »dem großen Professor

Werner zu vervollkommnen«, seine Leistung auf dem Feld der Salzgewinnung und als Mineraloge – »Beschreibung der Gebirge von Baiern und der Obernpfalz« 1782 erschienen – war nur den Geologen bekannt. Offenbar reiste er auch »nit gern in fremde Land« ausgenommen Böhmen und Sachsen. Und mit Ulrich Schmidl, dem 1505 geborenen »Bruder Straubinger«, der mit einem Haufen spanischer Konquistadoren bis zum Rio de la Plata kam und zu den Gründern von Buenos Aires und Asunción gehörte, mit ihm und seinem Reisetagebuch von 1542 konnte man nicht viel Staat machen, geschweige denn eine deutsche Universität nach ihm benennen.

Der berühmteste Straubinger von allen war Joseph von Fraunhofer. 1787 kam er als Sohn eines Glasermeisters zur Welt und es war ihm ein schweres Schicksal und ein früher Tod beschieden. Durch seine Erfindungen auf dem Gebiet der Optik, insbesondere des Fernrohrbaues – »Approximativ sidera« – hatte er Weltruhm erlangt und wurde 1824 in den persönlichen Adelsstand erhoben, die Universität Erlangen verlieh ihm den Dr. h. c. und die Bayerische Akademie der Wissenschaften ernannte ihn zum Mitglied und ordentlichen Professor. Dieses selbstlose und bescheidene Genie hatte nur eine mangelhafte Volksschulbildung vorzuweisen!

Das donauseitige Ufer von Passau mit der St.-Pauls-Kirche (vor 1913)

1978/79 eröffnete die 1972 gegründete Universität Passau im Südflügel des renovierten Klosters St. Nicola ihren Studienbetrieb. Die in ihren Anfängen mit einigem Mißtrauen beäugte Universität brachte der Stadt bald mehr Studenten ein, als sie um 1803 Einwohner hatte.

Dabei entstand in Passau keine Campus-Universität, sondern eine stadtverbundene, in das kulturelle und gesellige Leben einbezogene Universität. Während die Hörsaal- und Bibliotheksgebäude sich zwanglos am stadtseitigen Ufer des Inns entwickelten, schufen sich die Studierenden ihre Freiräume, Sportstätten und Lokalitäten in der Stadt.

DICHTER UND VOLKSSCHRIFTSTELLER

So in den Jahren 1902/03 trafen sich im Wirtshaus zum Koppenjäger am Donauufer drei junge Menschen, die sich der Poesie verschrieben hatten. Die Wirtschaft war eine ganz gewöhnliche Schifferkneipe, und die Pächterin war ein Weibsbild aus Schiefweg im Wald, das sich mit einigen Kalendergeschichten bekannt gemacht hatte. Ein Passauer Brauereibesitzer meinte, er könne mit der Wirtssenz (Emerenz Meier) ein wenig Kultur in die Dreiflüssestadt bringen, wo die mehr oder weniger gestandenen Wirtinnen von jeher den Ton angaben, so die Felsenlisl im Gasthaus zum Felsen in der Ilzstadt oder die Wirtin »Zum Mondschein« in der Innstadt, eine rührige nach Lautensack »allzu rührige« Herbergsmutter der »Mondscheinbrüder«; nicht zu reden vom Wirtshaus zur Landstraße drüben am Anger - direkt am Donaukai unterm Holzgarten hingeduckt - wo ein Passauer Bürger nicht hingeht, weil er weiß was es bedeutet, wenn er die Annonce in der Zeitung liest: »Zur Landstraße: frisches Gemüse aus Böhmen eingetroffen!« In dieser Wirtshaus-Sozietät von Passau, die noch um viele, viele Feierstätten des Gambrinus zu erweitern wäre, sollte der Koppenjäger mit der Wirtssenz ein Anziehungspunkt für das gebildete Publikum und für Touristen werden. Die wenigen Passauer, die nun in die neue Kulturwirtschaft kamen, tranken nur ein Seidel Bier und bestaunten die Wirtin oder ließen sich von ihr unterhalten. Und die trinkfreudigen Sacklträger von einst blieben aus. Und doch begann vermutlich in der bescheidenen Schifferkneipe eine Jugendfreundschaft, die füglich als die poetische Sternstunde von Passau bezeichnet werden kann. Denn die beiden jungen Männer hießen Heinrich Lautensack und Hans Carossa. Im Oktober 1903 sperrte der Koppenjäger wieder zu. Die Emerenz Meier übernahm kurzzeitig die Bewirtschaftung eines Hofes bei Simplon bei Fürsteneck. Sie schrieb wieder Erzählungen und Gedichte. Das väterliche Anwesen kam immer mehr herunter. Drei Jahre noch, dann fiel die Entscheidung. Sie hieß Amerika. In der Steinwüste von Chicago wurde sie engagierte Sozialistin und entschiedene Pazifistin. Am 28. Februar 1928 ist sie vierundfünfzigjährig in Chicago gestorben.

Dreißig Jahre früher machte sich der junge Hans Carossa auf den Weg, das »Dichterweib« aufzusuchen. Diese Fußwanderung von Pilsting nach Schiefweg im bayerischen Wald ist in seinem Buch »Das Jahr der schönen Täuschungen« beschrieben.

In allen seinen Büchern ist Hans Carossa ein Kundiger in Sachen Niederbayern. Wer ihn liest lernt Land und Leute kennen, erfährt Gründliches und mit Passion und Einfühlung Vorgetragenes über Pflanzen und Tiere und wird in seinem autobiographisch aufgebauten Romanwerk von der Poesie eines sinnlich-farbigen Katholizismus überzeugt. Im Schutze seines Glaubens lebt der niederbayerische Mensch: niemand hat ihn unbestechlicher und genauer geschildert als Hans Carossa.

Nach dem Studium der Medizin in München und Leipzig kehrte Hans Carossa nach Passau zurück, wo er eine Praxis eröffnete. 1929 zog er sich nach Seestetten an der Donau zurück und lebte nach dem Krieg bis zu seinem Tod in Rittsteig bei Passau.

Heinrich Lautensack - Hausdichter und Faktotum der Münchner »Elf Scharfrichter« - verschlug es nach Berlin. »Er schrieb die ›Pfarrhauskomödie‹ und den ›Hahnenkampf‹ und starb nach Rausch, Ekstase und Besessenheit, nach Zensur-Bann, materieller Bedrängnis und verzweifeltem Ringen um Anerkennung« (Wilhelm Lukas Kristl) in der Heilanstalt Eberswalde bei Berlin in geistiger Umnachtung. Sein letztes nachgelassenes Werk, ein Band mit Erzählungen, taucht die Sehnsucht nach seiner Jugendzeit an der Donau zwischen Vilshofen und Passau, in eine heitere Melancholie. So, wenn er sich an den Krenbauer Hansl erinnert, einen der hierzulande gar nicht so seltenen komischen Situationisten: »Nun eben mangelt mir doch wieder der Mut, es vor allem mit dem, meinem Krenbauer Hansl angeborenem ungewöhnlichem Mutterwitz aufzunehmen. Wie so sehr leicht möchte man mir das als eitel Zynismus ankreiden! Was dank ich dem allzeit munterem Burschen an Lachen über seine drolligen und dabei trockenen Redensarten allein schon in vielen Stunden einstmals im Wittelsbacher Café! Ob er Billiard spielte oder österreichisch tarokkierte; ob er chineselte oder törtelte! Und ob zur selben Zeit bei ihm daheim das Letzte in die Brüche ging, konnte er einen ungeschickten Stich oder einen Fehlstoß seines Partners anscheinend weinerlich bedauern: Jaz san Taubn a hi! ... Jatz ziagn's eahm s'Toutenhemad scho a! Jaz fahrns scho umi über d' Innbruck! (Nach dem Leichenhaus nämlich.)«

Das Portrait zeigt einen Geistlichen mit weißem Stehkragen und hochgeschlossenen schwarzen Rock. Die Züge des gutgeschnittenen Gesichts wirken herb und skeptisch. Tief zieht sich der linke Mundwinkel herab; Augen, zusammengekniffene Stirn, Brauen und Brille zeigen Wachheit und scharfe Beobachtungsgabe. Das Haar ist dicht und fein zurückgekämmt. Der Dargestellte ist jedoch kein resignierter Landpfarrer - wie man vermuten könnte - sondern der Schloßbenefiziat von Steinach bei Straubing, Joseph Schlicht. »Von der Hienharter Höhe« hieß eines seiner ersten Bücher. Der 1832 in Gerolzhausen in der Hallertau geborene Sohn eines Bauern, 1856 in Oberschneiding im Gäuboden zum Priester bestimmt, wirkte als Kooperator. Schlicht schrieb eine Reihe unvergänglicher Werke zum bäuerlichen Alltag in Altbayern und zu Volkskunde und Brauchtum, wie »Bayerisch Land und Volk« (1875), zahllose Aufsätze in Zeitschriften und Kalendern, ein paar Theaterstücke. »Bua, jatzt san d' Wagnscheitln brocha!« schrieb er kurz vor seinem Tod an einen Freund. Am 18. April 1917 ist Joseph Schlicht gestorben.

Schlichts Nachfolge vertritt Max Peinkofer. Der als Sohn eines Schmieds in Tittling 1891 Geborene wirkte als Volksschullehrer unter anderem in Greising bei Deggendorf, wo er im April 1922 die »unsterblich« gewordene »Maidult in Passau« in einem Zug geschrieben hat.

»Also Leutl richts enk zsamm,
tean ma, was ma ausgmacht ham,
roasts in d' Maidult heint mit mir
zünfti hamma und dös wia!«

Und jetzt wird uns auf ein paar Seiten ein lebenspralles Spektakulum vorgeführt mit Schießbuden, Schaukel und Berg- und Talbahn, Kino und Panoptikum, Zirkus und »der Riesendam, die hat Wadl wiara Bam«, mit allerlei Begegnungen mit Landsleuten, Erinnerungen an die Soldatenzeit, ein Maidultbummel, der zwangsweise in der Bierhütte endet:

»Also da is scha a Bänk
Heda, Stadtfrack, ruck a weng!
Da is zünfti, da gehts zua,
blasn toans in oana Tour
Leutln gel, iatz wißts ös gwiß
daß dös Schäna d' Maidult is!«

DONAUREISENDE VON EINST

Eine Donaureise - lange Zeit die erste Bildungsreise der Deutschen - streifte zwar das Land nur an den Städten der beiden Ufer: Straubing, Deggendorf, Vilshofen und Passau, gelegentlich wurde jedoch auch an kleineren Orten Station gemacht, so in Pfatter oder Osterhofen. Dann traf die buntgemischte Reisegesellschaft in irgendeiner Landkaschemme mit dem Volk zusammen, so in Pfatter: einem stattlichen Dorf, von der im Gäuboden üblichen Länge und Breite, das auf Grund einer unsinnigen Regulierung der Grenzen zwischen Niederbayern und Oberpfalz zu Letzterer geschlagen wurde. Hören wir eine Tagebuchskizze von Ernst Moritz Arndt: »Wir fanden gleich vor den Thoren eine kleine Belustigung, nemlich mehrere Schwadronen Ulahnen, die, trefflich beritten, ihre Übungen machten. Bald aber jagte sie und uns ein Regen in die Stadt, und nun war unser erstes, Essen zu besorgen. Dieses war bald bereitet und ebenso schnell verzehrt. Dann kam ein Harfenspieler mit seiner Donna, die zu seinem Geklimper lustig anstimmte mit dem Stücke aus den Tyrolerinnen: ›Du bist ja mei Schatzerl jucheissa, juchei! komm gib mir ein Schmatzerl und bleib mir getreu!‹ Die Seele unsrer Tafel war aber eigentlich die hübsche Kellnerin, deren Huld und Anmuth so auf die Gemüther wirkte, daß sich keiner, auch der argen und schlimmen nicht, Unanständigkeiten gegen sie erlaubte. Eine schöne, hohe schlanke Gestalt mit einem Gesichte voll Engellieblichkeit, mit zarten rosa Wänglein, einem schneeweißen Stutznäschen, und einem Munde, um den die Grazien spielen ...«

Passau hatte Arndt zu den »schönweibrigen Städten Teutschlands« gezählt, ohne die Konkurrenten zu benennen.

Der Erzaufklärer Johann Pezzl aus Mallersdorf konnte auf seiner »Reise durch den Baierischen Kreis« 1784 von den »Schönen Passauerinnen« (von denen er vor einigen Jahren noch viel Rühmens gemacht hatte) nicht mehr so viele entdecken, gesteht jedoch ein, »daß die hiesigen Mädchen wirklich ganz hübsch sind«. Den Preis gibt er »den Mädchen von Straubing, und um Straubingen«: »Sie sind fast durchgehends sehr schön. Sie haben etwas weniger Fett, als die Passauerinnen, und etwas mehr Geist als die oben. – Nichts ist reitzender, als wenn man an einem Tage, wo sehr viel Bauernvolk in der Stadt sich zu versammeln pflegt, nach Straubingen kömmt. – Lieber Karl! wirklich, du würdest nicht wissen, wohin du dein Aug wenden solltest, wenn du so auf allen Seiten die niedlichsten und nettesten Bauermädchen vor dir, und neben dir herumspatzieren sähest. Sie sind fast alle wohl gewachsen, haben einen kernhaften Körper und die gesündeste und blühendste Gesichtsfarbe. Du siehst keine Leidenschaft in ihren Mienen, als den simplen Ausdruck der Natur ...«

Als Stendhal im Jahre 1809 nach Landshut kam schrieb er: »Die Stadt machte auf mich einen italienischen Eindruck. In einer halben Stunde habe ich hier sechs Frauengesichter gesehen, deren Oval viel zu vollendet war, als daß es nach Deutschland gehörte.«

So viel Lobpreis weiblicher Schönheit kann wohl nicht ganz aus der Luft gegriffen sein – mögen sich die Verhältnisse im Laufe der Zeit auch ändern.

DIE LANDSHUTER HOCHZEIT

Gerade Landshut stellt uns in seinem historisch gewachsenen Stadtbild alle vier Jahre ein Ereignis vor Augen, bei dem alle Zweifel an der Verläßlichkeit der – vielleicht romantisch veranlagten Autoren – hinweggewischt werden. Dann sagt man: »Himmel Landshut – Tausend Landshut!« Dieses Ereignis ist die Landshuter Hochzeit. Früher Sommer, ein Junitag mit Gewitterneigung. Die ganze Altstadt von St. Martin bis Heilig Geist mit Fahnen und Wimpeln geschmückt. Drei Böller von der Trausnitz herunter. Unter Glockengeläut bewegt sich der lange Hochzeitszug von der Neustadt in die Altstadt herüber. Zuerst Kinder, nur Kinder, mit Blumen bekränzt und Blumen streuend. Dann der schwere Hufschlag der Rottaler ... Bis endlich der vergoldete Brautwagen, gezogen von acht polnischen

Landshut - Holzschnitt aus »Abr. Saurs vermehrtes Städtebuch« (1658)

Schimmeln mit weißen Federbüschen, mit der Prinzessin Hedwig erscheint - ein feines Mädchen, diese Hedwig! - gefolgt vom Bräutigam Georg zu Pferd. Dann das polnische Gefolge mit dem Brautgutwagen. Der Wagen der Gespielinnen der Braut, Mädchen aus Seligenthal in altgotischen langen Samtkleidern oder den neuen italienischen Brokatgewändern, das Buchskränzchen oder die Perlschappel auf dem Haar. Geharnischte mit dem Bihänder zu Fuß, ein Trupp Reisiger mit langen Lanzen, Moriskentänzer, dann der dreiachsige Troßwagen und schließlich das fahrende Volk, Zigeuner im Planwagen und mit dem Schubkarren. Das rauhe Lied der Reisigen, die Musik aus nachgebauten Zinken und Businen, die zum getragenen Schreiten erklingen, immer wieder durchbrochen durch ein freudiges Hallooh!

Der Urgrund aber, der dieses historische Fest hervortreibt, ist die altbayerische Freude am Spiel. Der Zuschauer spürt es aus dem Ausdruck der Gesichter, aus dem strahlenden Lachen einer bayrischen Edeldame, die im grauen Brokatgewand auf dem Reitpferd saß und uns zuwinkte, an dem vor Anstrengung geröteten Gesicht eines Dicken, der als freudiger Bacchant im Troß mit marschierte. Und als der gerüstete Frauenhofen seinen Helm abnahm, war man geradezu betroffen von dem Dürer-Schädel, der da zum Vorschein kam. Auch die Zurufe klangen echt: »Hans! da schau her, siegst mi?« Eines der begleitenden Mädchen hieß tatsächlich Sieglinde! und sogar die Roßäpfel, die nach langer Zeit wieder auf dem Pflaster der Altstadt zu Hauf lagen, trugen zur Echtheit des Festes bei. Man erlebte und roch das Mittelalter, seine Vitalität und seine Kultur, die hier mit herbstlichem Gepränge vorüberzogen. Und angesichts dieser Menschen, von denen jeder einen Typ verkörperte, mußte man sich des Zurufs eines Landshuter Bürgers erinnern, der uns überliefert ist! »Erkenne Fürst, daß du des Volkes wegen da bist, nicht das Volk wegen deiner!«

Totenbretter, die gleich einem Lattenzaun aufgereiht sind, begleiten uns auf einem Feldweg bei Arnsbruck.
Seite 17: Von dem, gleich Wollsäcken aufgetürmten Gipfel des Dreisesselberges (1332 Meter) geht der Blick weit in das Waldgebirge Adalbert Stifters hinein.
Rechts: Die Idylle einer Feldkapelle mit hölzernem Kreuz, geschützt von zwei Bäumen, entdecken wir bei den Lackenhäusern.
Seite 20/21: Bodenmais, einst »gefreite Bergstätte« wegen seines Silberbergs, heute staatlich anerkannter Luftkurort, ist Ausgangspunkt für Wanderungen in das Gebiet um den Arber.

I.N.R.I.

Die felsige Gipfelkuppe des Großen Arbers ist die höchste Erhebung des Bayerischen Waldes (1456 Meter). Sie bietet den Sommerwanderern und Wintersportlern eine großartige Aussicht bis zum Fichtelgebirge und Erzgebirge, im Süden bis zu den Alpen. Rechts: Wie der Große und Kleine Arbersee steht auch der Rachelsee unter Naturschutz. Mit seinen schwer zugänglichen Ufern ist er ursprünglicher und einsamer als die vielbesuchten Arberseen.

Der Wisent - einst im Bayerischen Wald heimisch - zählt zu den Großtierarten, die in einem eigenen Gehege wieder angesiedelt wurden.
Links: Im abgegrenzten Rayon des Nationalparks haben sich Wildkatzen und Luchse eingelebt. In solchen Eingewöhnungsgehegen lernen die Tiere ihre neue Umwelt kennen.

Wanderwege führen durch urtümliches Waldgebirge. Aus dem Unterholz, über Moder und Moos drängen die dicht gereihten Baumstämme zum Licht.

Im schneereichen Lamer Winkel sind die Kaltblüter bei der Arbeit im Wald immer noch die zuverlässigsten Helfer.

JANKABRAU

Zu den namhaftesten Glashütten des Bayerischen Waldes zählt die Glashütte Valentin Eisch in Frauenau. Mit neuartigen Formen des Gebrauchsglases, mit Innovationen der Glasgestaltung und Glasmalerei ist vor allem Erwin Eisch bekannt geworden.
Links: Die Stadt Zwiesel hatte durch Stadtbrände und in Kriegszeiten viel zu leiden. So ist ihr heutiges Straßenbild neuzeitlich geprägt. Seit 1904 hat Zwiesel eine staatliche Fachschule für Glasindustrie.
Seite 30/31: Breitenberg, ein typisches von der Landwirtschaft geprägtes Dorf.

Schloß Fürstenstein krönt eine dicht bebaute Berghöhe im Dreiburgenland. Das 1848 abgebrannte Schloß diente nach dem Wiederaufbau einer Internatsvolksschule der Englischen Fräulein. Sehenswert sind die neugestalteten Gotteshäuser des Bergschlosses.

Die Burgruine Weißenstein liegt verwegen auf dem 100 Meter hohen Quarzfelsen des »Pfahl«. Der Pandurenoberst v. d. Trenk machte sie zur Ruine. Erhalten blieb der Torturm, seit 1918 Wohnung des Dichters Siegfried von Vegesack.

In St. Englmar, einem der höchstgelegenen Pfarrdörfer des Bayerischen Waldes, hat sich mit dem Englmarisuchen am Pfingstmontag ein alter religiöser Volksbrauch erhalten.

Den, bei Bogen am Nordufer der Donau, steil aufsteigenden Bogenberg (114 Meter) krönt eine alte Marienwallfahrt; die bedeutendste Wallfahrtsstätte Niederbayerns. Am Pfingstsonntag tragen Pilger aus Holzkirchen bei Vilshofen eine 13 Meter lange Kerze zur Bogenbergkirche hinauf.

Wenn Landshuts spätgotische Treppengiebel der Straße zugewandt sind, so staffeln sich die Giebel der Straubinger Bürgerhäuser als Kommunmauern über den Dächern. Trotz zahlreicher und oft recht rücksichtsloser »Modernisierungen« zeigt die breite Traufseite gelegentlich den alten Fassadenschmuck des Rokoko.
Links: Der im Jahre 1316 begonnene, ursprünglich freistehende Stadtturm von Straubing präsentiert über der mächtigen Turmuhr ein zweistöckiges Wächterhäuschen mit fünf Turmhelmen. Davor ragt die Dreifaltigkeitssäule auf, eine Stiftung der Bürgerschaft zur Errettung der Stadt im Spanischen Erbfolgekrieg von 1704.
Seite 38/39: Große Feldparzellen kennzeichnen die Gäubodenlandschaft südlich von Straubing.

Bei der Einmündung der Vils in die Donau liegt die Stadt Vilshofen, überragt von der Klosteranlage Schweiklberg.
Rechts: Den langgezogenen Straßenplatz von Vilshofen säumen Häuser mit Grabendach im Inn-Salzach-Typ. Der haussame Straßenzug ist nicht selten Bühne für festlichen Aufzug.

Metzgerei Braidt
RADIO MENTH

Neben dem weitverbreiteten Anbau von Getreide und Zuckerrüben, wird zunehmend auch Gemüse gezogen, wie hier bei Mariazell.
Rechts: Deggendorf ist ein Handels- und Einkaufszentrum zwischen Gäu und Wald. Märkte haben die Stadt groß gemacht. Noch heute ist diese Atmosphäre an den Markttagen auf dem langgestreckten Stadtplatz gegenwärtig.

CAFE

Höhepunkte niederbayerischer Kirchenkunst des Barock sind die Kirchen der Brüder Asam, wie hier die ehemalige Damenstiftskirche zu Osterhofen-Altenmarkt.

Kloster Metten besitzt eine ausnehmend fein und geistvoll gezierte Bibliothek mit Stuckmarmorfiguren von Franz Joseph Holzinger aus den Jahren 1706–1720.

Am schönsten präsentiert sich die Dreiflüssestadt Passau vom jenseitigen Ufer des Inn. Dominiert wird das Panorama von den Türmen des Stephansdoms.
Rechts: Der Stephansdom in Passau, der größte Barockdom nördlich der Alpen, verdankt seine Höhe dem gotischen Vorgänger; seine reiche Stuckdekoration ist das Werk italienischer Meister aus dem Val Intelvi.

Der Blick vom Residenzplatz zur Studienkirche St. Michael zeigt das von heimischen und italienischen Meistern geprägte Baugesicht der Dreiflüssestadt Passau.
Rechts: Aus den abfallenden schluchtengen Gassen zur Donau hin ergibt sich ein reizvoller Blick zum neugotischen Rathausturm und dem Rittersaal der Festung Oberhaus.

An einer Kehre der Straßen entlang des Inns tauchen die Türme der Neuburg geisterhaft aus dem Flußnebel des Inntals auf. Die geschichtsreiche Burg dient nach vorbildlicher Restaurierung heute der Universität Passau als Tagungs- und Begegnungsstätte.
Rechts: Nahe dem Innübergang nach Schärding liegt das Wasserschloß Neuhaus am Inn, das seine feine landschaftsbezogene Architektur Johann Michael Fischer verdankt.
Seite 52/53: Bei Markl - kurz bevor Salzach und Inn in einem breiten Mündungsdreieck zusammenlaufen - schwillt der Inn zu ansehnlicher Breite an. Von Stammham bis zum Stausee bildet der Inn die Grenze zu Oberbayern, während Marktl schon zu Oberbayern gehört.

Schloß Ortenburg, Stammsitz der gleichnamigen Grafen, behütet heute ein sehenswertes Museum mit dem Glanzstück einer geschnitzten Kassettendecke von 1628.
Links: Bad Birnbach, der jüngste und ländlich gebliebene Sproß im niederbayerischen Bäderdreieck, hat sich sauber herausgeputzt.

Die Klosterkirche zu Fürstenzell - der Dom des Rottales genannt - ist ein Meisterwerk des Rokokoarchitekten Johann Michael Fischer und wurde 1745 vollendet. Den Hochaltar schuf der Hofbildhauer Johann B. Straub 1741.
Rechts: Hinter dem Hochaltar der Marienwallfahrtskirche Sammerei finden wir die hölzerne Mirakelkapelle mit einem einzigartigen Schatz von nahezu 1300 Votivbildern aus vier Jahrhunderten.

Für festliche Anlässe werden zur Tracht im Rottal auch die kunstvoll gearbeiteten Goldhauben getragen, ein donauländischer Kopfputz, der in Passau und Linz heimisch ist.

Entsprechend der Erneuerung der Tracht ist man in letzter Zeit auch zur Erneuerung alter Bauernhöfe gelangt, wie hier bei einem Dreiseithof bei Hebertsfelden im Rottal.

Der langgezogene und merklich ansteigende Stadtplatz von Vilsbiburg besteht in der platzartigen Erweiterung der Straße zwischen Vilsbrücke und Oberem Tor.
Rechts: Die restaurierte Dorfkirche in Bergham bei Vilsbiburg zeigt romanische und gotische Bauelemente in origineller Verbindung von Altarapsis und Turm.
Seite 62/63: Über die Dächer der Landshuter Banlieue geht der Blick in die grüne, von Stauseen durchzogene Isarlandschaft.

Die Landshuter Fürstenhochzeit ist für Jung und Alt eine farbenprächtige Rückschau auf die Welt der Spätgotik, bei der Detailtreue bis zu Einzelheiten der Tracht und zum Eßbesteck gefordert sind.
Links: Die Burg Trausnitz - die erste Residenz der Wittelsbacher - gibt den Hintergrund zum Aufzug der Ritter beim Ringelstechen der Landshuter Hochzeit.

Landau an der Isar, im Jahre 1224 von Herzog Ludwig dem Kelheimer gegründet, erstreckt sich mit Herzogsburg und Stadtpfarrkirche auf dem Hochufer der Isar. Rechts: Die Herzogsburg in der Oberstadt von Dingolfing ist mit ihrem durchbrochenen Treppengiebel ein Meisterstück niederbayerischen Backsteinbauens in der Spätgotik.

Im Bogen der Donau, nahe den hohen Felswänden des Donaudurchbruchs liegt das Benediktinerkloster Weltenburg, eines der ältesten Klöster Bayerns, berühmt vor allem durch seine Asamkirche. Der Wiesenhang darüber mit der kleinen Frauenkirche birgt die Spuren einer vor- und frühgeschichtlichen Befestigung.
Links: Die verwegen auf einem 70 Meter hohen Felssporn stehende Burg Prunn im Altmühltal, um 1037 erstmals genannt, mit Bergfried und Wohnbau noch aus romanischer Zeit bestehend, gehört heute als Museum zur Staatlichen Schlösserverwaltung.

Im südwestlichen Teil des Regierungsbezirks hat Niederbayern einen beträchtlichen Anteil am größten Hopfenanbaugebiet Bayerns: der Holledau.
Links: Die Vereinigung von Donau und Altmühl bei Kelheim zeigt der Blick von der Dachterasse der Befreiungshalle.
Seite 72: Auf dem Michelsberg bei Kelheim ließ König Ludwig I. von Bayern zur Erinnerung an die Befreiungskriege in den Jahren 1842-1863 die Befreiungshalle errichten. 24 marmorne Viktorien halten Schilde mit den Namen der Schlachten.

DANZIG
WITTENBERG
HERZOGENBUSCH
CUESTRIN
WILHELM KRONPRINZ V. WUERTTEMBERG
WILHELM HERZOG VON BRAUNSCHWEIG
FRIEDERICH
GR. YORK V. WARTENBURG GEN. D. INFANTERIE PREUSSEN
GR. KLENAU GEN. D. CAVALLERIE OESTERREICH
GR. BUELOW V. DENNEWITZ GEN. D. INFANTERIE PREUSSEN
MOECHTEN DIE TEUTSCHEN NIE VERGESSEN WAS DEN BEFREIUNGSKAMPF NOTHWENDIG MACHTE UND WODURCH SIE GESIEGT.

DER BAYERISCHE WALD

DER NAME

Niederbayern ist eine weiträumige, in geographischer Hinsicht nicht einheitlich geprägte Landschaft. Aus dem Donautal, das zwischen Regensburg und Vilshofen eine breite und ebene Flußlandschaft bildet – den fruchtgesegneten Gäuboden, Bayerns Kornkammer – erhebt sich nach Norden hin ein fruchtkarges jedoch urtümliches Waldgebirge von seltener Stille und Einsamkeit, das sich in gelassener ruhiger Aufwölbung bis zu Höhen von 1456 Metern (Großer Arber) aufwirft. Ist in den mittelalterlichen Beschreibungen dieser Gegend einfach vom »Nordwald« die Rede, so bürgerte sich seit dem 13. Jahrhundert für den Inneren Wald zur tschechischen Grenze hin der Name »Böhmerwald« ein. »Tief drin im Böhmerwald ...« beginnt eines der populärsten »Volkslieder« aus dem späten 19. Jahrhundert, das auch auf tschechisch gesungen wurde. Nach dem ersten Weltkrieg – als sich die Nationalitäten abzugrenzen begannen – taucht auf den Landkarten der Name »Bayerischer Wald« auf. Seit 1951 ist er die offizielle Bezeichnung, während der tschechische Teil des Böhmerwaldes heute offiziell »Cesky les« (Tschechischer Wald) genannt wird.

Der Einheimische nennt seine Heimat kurz den »Wald«. »Mir san vom Woid dahoam ... der Woid is schee ...« lautet eines der ganz unsentimentalen Waldlerlieder.

Der »Nationalpark Bayerischer Wald« umfaßt im wesentlichen das Gebirgsmassiv von Rachel und Lusen. Er umgreift eine durchgehend mit Wald bestockte Fläche von rund 12000 Hektar.

Geologisch von großer Seltenheit ist die weißgraue Quarzader des »Pfahl«, die den Wald schnurgerade in einer Länge von gut 140 Kilometer von Freyung bis Schwarzenfeld in der Oberpfalz durchzieht. Diese Felsenmauer, die wie ein riesiges uraltes Gebiß zuweilen aus dem Waldboden ragt, teilt den Inneren Wald vom Vorderen Bayerischen Wald, der sich lichtoffener gegen das Donauknie hin erstreckt. An den Vorderen Bayerischen Wald schließt sich nach der Ilz-Wasserscheide der Untere- oder auch Passauer Wald mit dem Wegscheider Winkel an. Zu Füßen des Dreisesselberges mit seinen polsterartig sich aufeinandertürmenden Granitfelsen liegt Lakkenhäuser.

ADALBERT STIFTER IN LACKENHÄUSER

Hier auf dem Landgut seines Passauer Freundes Franz Xaver Rosenberger fand Stifter sein »buon retiro«, jedoch einmal erlebte er einen gewaltigen Schneesturm und wurde fünf Tage eingeschneit: »ein Naturereignis, das ich nie gesehen hatte, das ich nicht für möglich gehalten hätte, und das ich nie vergessen werde, so lange ich lebe.« Es begann mit einem Schneesturm am Montag früh. »Als es graute, sah ich, daß die Gegend mit Schnee bedeckt sei und als die Tageshelle gekommen war sah ich auch, daß es heftig schneite. Das Thermometer zeigte Null Grade ... Es erschien nun der Dienstag, und bei dem ersten Tagesschimmer sahen wir, daß es draußen gedauert habe wie gestern, und daß es noch dauere. An den Mauern des Hauptgebäudes sahen wir jetzt das Emporwachsen des Schnees. Vor unseren Fenstern war ein Berg desselben, aus dem Garten dämmerte einer herüber, der schon höher war als das Gartenhaus, die Tür des Hauptgebäudes war verschneit, so daß, als eine Magd sie von innen öffnete, der Schnee auf sie hinfiel, daß sie mit hölzernen Schaufeln ausgeschaufelt werden mußte … Ich konnte nichts tun, als immer in das Wirrsal schauen. Das war kein Schneien wie sonst, kein Flockenwerfen, nicht eine einzige Flocke war zu sehen, sondern wie wenn Mehl von dem Himmel geleert würde, strömte ein weißer Fall nieder, er strömte auch wieder gerade empor, er strömte von links gegen rechts, von rechts gegen links, von allen Seiten gegen alle Seiten und wenn man vom Fenster wegging, sah man es im Geiste und man ging lieber wieder zum Fenster.«

Stifters klassische Schilderung des Hochwaldes bezieht sich in der gleichnamigen Novelle auf seine Waldheimat jenseits der Grenze an den Ufern des Schwarzen Hochsees bei Plöckenstein: »Da ruhen die breiten Waldesrücken und steigen lieblich schwarzblau dämmernd ab gegen den Silberblick der Moldau; westlich blauet Forst an Forst in angenehmer Färbung und manche zarte schön blaue Rauchsäule steigt fern aus ihm zu dem heiteren Himmel auf. Es wohnet unsäglich viel Liebes und Wehmütiges in dem Anblicke.«

DER WALD HEUTE UND DER NATIONALPARK

Heute sind im Winter Teile des Bayerischen Waldes durch ein großes Freizeitangebot »in Deutschlands reinster Luft« touristisch erschlossen. Die Fremdenverkehrsgemeinschaften Freyung und Grafenau locken mit 45 Skiliften und 800 Kilometer gespurten Loipen, Finsterau mit Wanderfreuden und Rodelspaß, Waldkirchen mit dem Skigebiet Oberfrauenwald und dem Bäderpark Karoli, Altreichenau mit seinem Bergland-Ferienpark und Hauzenberg mit seinem durch Nachtloipen und Kutschenfahrten, Schnitzkurse und Heimatabende angereicherten Waldwinter. Der Zwiesler Winkel gar weist auf sein weltcuperprobtes Skigebiet am großen Arber, 200 Kilometer Loipen, sowie auf die Glashütten und Museen hin. Nicht zu vergessen: der Mittlere Bayerische Wald mit Gotteszell, Kirchdorf im Wald, Kirchberg, Ruhmannsfelden und Bischofsmais. Mit der »Wastlsäge« in Bischofsmais – wo Max Peinkofer gerne abstieg – begann die touristische Erschließung dieser Gegend. Gerne erzählte er dort seine Erlebnisse aus der Steinzeit der Gastronomie im Bayerischen Wald: etwa wie er in einer einschichtigen Wirtschaft übernachten mußte und wie er von der Wirtin, »so umma elfe rum« geweckt wurde: »Geh' Peinkofer, muast aufsteh! Mir braucha d' Woschschüssel zum Salot omacha« (Salat anmachen).

Zu einem Begriff – der den Fremdenverkehr förderte – wurde dabei das »Dreiburgenland« mit der Saldenburg, dem Fürstenstein und der Englburg. Bei Tittling liegt der Dreiburgensee mit seinem sehenswerten Museumsdorf, samt alter Sägemühle und Hammerschmiede. Ein halbes Hundert alte Holzbauten, vor dem Verfall und der Spitzhacke gerettet! Freyung hat sich in Schloß Wolfstein eine Landkreisgalerie zugelegt und Grafenau ein Bauernmöbelmuseum.

Hauptattraktion ist freilich heute der Nationalpark. Alte Glasmacherorte wie Spiegelau-Klingenbrunn bilden das Eingangstor zu den 130 Quadratkilometer großen Freiflächen und Gehegen. Der Nationalpark ist ein Refugium seltener Tierarten wie Wisent, Luchs, Uhu, Marder, Bär und Fischotter und von 100 Vogelarten, nicht zu reden von der reichen Pflanzenwelt, die sich in dem urtümlichen völlig dem freien Wachstum überlassenen Waldgebirge entfalten kann. Wanderer lockt die Besteigung des 1553 Meter hohen Rachel und des 1371 Meter hohen Lusen. Ein Rundwanderweg führt zu den Gehegen und schönsten Aussichtspunkten.

Ideale Ergänzung für die Freunde des Waldes ist das nach volkskundlichen Prinzipien gestaltete Freilichtmuseum in Finsterau. Denn es zeigt uns die harten Lebens- und Wohnverhältnisse der Waldler auf. Zur Konzeption der Einrichtung sagt der Museumsleiter Martin Ortmeier selbst: »Es geht hier nicht um heimattümelnde Darbietung vermeintlicher Bauernherrlichkeit, auch nicht um derbe ›Bauerngmüatlichkeit‹, sondern um *Bauernwirklichkeit,* deren Vermittlung nicht einer gleichwie gerechtfertigten Rekonstruktion früherer Möglichkeiten geopfert werden soll«.

»DER GLÄSERNE WALD«

So lautete der Titel eines Buches von Christiane Sellner und einer Aktion des rührigen Fremdenverkehrsverbandes Ostbayern. Es sollten die Glasmacher, die Glashütten und die Glasmuseen im Bayerischen Wald ins Gedächtnis gerückt werden. Im Juni 1992, in einer Vollmondnacht, beging die Studioglasbewegung ihren 30. Geburtstag. Ihr Begründer, der Amerikaner Littleton Harvey, feierte in Frauenau seinen 70. Geburtstag. Hier, bei seinem Freund, dem Frauenauer Erwin Eisch, treffen sich Mitstreiter aus Kalifornien, Tokio, Wien, New York und Paris. Die Studiobewegung hatte wie in den Zeiten des Jugendstils, ja noch ausschließlicher, das Glas aus den Fesseln der Zweckform befreit; die Glasmasse lernte fließen, nahm weiche Formen an; strömende Farbe wurde ihr Elixier, die Glasmacher lernten träumen. Eine einzige große Begeisterungswelle ging durch die Werkstätten, Vorträge wurden abgehalten und die Möglichkeiten der neuen Glasgestaltung grundlegend erweitert und erforscht. Und doch mischte sich leise Melancholie in die Festesfreude. Die Tage des Aufbruchs in ein Neuland lagen nun zurück. Die Zimelien der neuen Glaskunst, wie der »Gläserne Mensch« oder »das zerknautschte Telefon«, waren jetzt Museumsstücke in den Glasmuseen von Frauenau und USA. Die Gruppe »SPUR«, zu der Erwin Eisch gehörte, der naive Schwung ihrer Spielformen und der elementare Umgang mit der Farbe war nun auch nicht mehr neu, und es meldete sich wieder der Zwang zum Gebräuchlichen, Formbetonten und Klaren, mit anderen Worten: die hohe Glaskunst der zwanziger und dreißiger Jahre, »Neue Sachlichkeit« genannt.

Die Bayerwald-Glashütten hatten starke Konkurrenz bekommen. Die in Frauenau ansässige Glasmalerei war auf ein Drittel ihrer früheren Kapazität geschrumpft. Die Söhne aus den alten Glasmacherfamilien sagten der Akkordarbeit in der Hütte und der höllischen Hitze Ade, suchten sich neue Arbeitsplätze. Die Glasmacher, die ein eigenwilliges Volk sind, wendiger als die anderen – Bauern oder Steinbrecher – stolz auf ihre Geheimnisse, wurden wach für das Kommende ... Aber Glas stirbt nicht aus. Und handwerkliches Können ist immer gefragt. Und so wird auch das Feuer in den Glasöfen nicht ganz erlöschen.

Es gibt sehr beachtenswerte Glassammlungen, etwa in Zwiesel, dem Sitz der Glasfachschule, wo 1976 das Waldmuseum um die Glasabteilung erweitert wurde. Hier kann man die verschiedenartigen Erscheinungsformen des Bayerwaldglases studieren; Mosaikglas, Netzglas, Eisenglas, Onyxglas, Rubinglas, Überfangglas, graviertes, geschnittenes oder geätztes Glas. Die biedermeierlichen Weinservices, die Gläser mit Jagdgravuren des späten Rokoko, die geschnittenen Humpen mit Wappenmalerei, die Bierkrügel mit Edelmetallfassung, die organisch sich wellenden Jugendstilgläser, Millefiori- und Perlmuttgläser, Rubingläser, wie auch die von der Sachlichkeit der Zwanziger Jahre bestimmten Arbeiten von Professor Bruno Mauder und dessen Sohn Walter Mauder, ergeben eine ebenso abwechslungsreiche wie faszinierende Geschichte des Glases. Eine nicht weniger sehenswerte Glassammlung findet sich in Theresienthal, die der Direktor der Zwieseler Glasfachschule M. Gangkofner eingerichtet hat und in der verständlicherweise die Theresienthaler Produktion im Mittelpunkt steht. Auch Frauenau kann sich eines reichen und informativen Glasmuseums rühmen. Privater Initiative wird die einzigartige Sammlung Höltl im Hotel »Wilder Mann« zu Passau verdankt.

Ein sehr reizvolles Sammelgebiet sind die Schnupftabaksgläser. Denn bei diesen Liebhaberarbeiten, die von den Glasmachern während der Arbeitspausen angefertigt wurden, finden fast alle denkbaren Techniken, derer man fähig war, Anwendung. Und in den aufgemalten Sprüchen, Widmungen und Berufsemblemen, den Blumenornamenten, den eingeschmolzenen Fäden kommt die Phantasie der Glasbläser zum Ausdruck und ein Teil ihrer Geselligkeit, ihres Wesens. Das Leben der Glasmacher war hart. Und am härtesten muß die Arbeit am Kiespocher gewesen sein. Die Vorstellung vom lustigen Glasmacher, der im Wirtshaus sitzt und das »Glasmacherlied« singt, hat auch ihre Kehrseite in den vielen abgemagerten Gestalten, die durch ihr unheimliches Husten auffielen. Noch heute gilt das Wort, das einmal über einem böhmischen Glasofen stand und nach verschiedenen Gesichtspunkten ausgelegt werden kann: »es ist ein unendlich Kreuz, Glas zu machen!«

DAS VOLKSLIED – WO ES ECHT IST

Das Böhmerwaldlied wird sozusagen als Glasmacherlied gesungen, nicht nur weil der Direktor der Glasfabrik ein geborener Böhmerwaldler ist »Tief drinn im Böhmerwald ...« war auch das Lieblingslied meiner Mutter, obwohl sie im vorderen Bayerischen Wald geboren ist. Marzell Oberneder erzählt, daß die Waldler das Lied erst anstimmen, wenn sie in den Straubinger Wirtshäusern durch das Bier etwas animiert worden sind. Der originelle Volksgesang des Waldlers ist ohne den sentimentalischen Einschlag des 19. Jahrhunderts, etwa von der Art

Vom Woid sama außa
drumm sama so frisch
Weil Suma und Winta
a Schnewas drin is.

»Das niederbayerische Volkslied, wo es echt ist«, so schrieb Kurt Huber in seinem Beitrag zum Ersten Niederbayerischen Preissingen in Landshut 1931, »hat es etwas von der Weite der Ebene, die melodisch sanfte Linie der in der Ferne verblauenden Waldberge. Und wie er, der Waldler seinen Wald liebt, darüber macht er wenig Worte. Die Fülle der Volkstypen, die Träger des Liedes im Niederbayerischen sind, macht dies Land der Ebene und der Waldberge fast gestaltenreicher als die älplerische, zugleich weniger einheitlich. Da stehen die alten Hochzeitslieder, Reste der üppigen Bauernhochzeiten in der fruchtbaren niederbayerischen Ebene, neben den Bettlmandlliedern, neben dem ewig jungen Jagerlied das Soldatenlied in längstvergessenen Beständen, neben derben Schnadahüpflreimen feingliedrige Balladenstrophen, die tiefsinnigen Krippen- und Hirtenlieder nicht zu vergessen, den gemeinsamen urcharakteristischen Besitz aller bajuwarischen Stämme.

Man ginge überhaupt fehl, wollte man den Unterschied zwischen oberbayerischem und niederbayerischem Liedgut nach den politischen Grenzen bestimmen. Was wir gerne ›echt oberbayerisch‹ nennen, ist ja nur ein Ausschnitt, Musik und Kultur des Alpenvorlandes und des bayerischen Alpenteiles selbst. (Was den Kulturzusammenhang betrifft, so gehört die Dachauer Gegend, ja in seinem bodenständigen Teil München selbst, vielmehr zum niederbayerischen als zum älplerischen Typus.)

Eines gibt es ursprünglich nur im niederbayerischen Tanz, was der Älpler nur schlecht nachbildet, weil es ihm wesensfremd ist. Es sind die merkwürdigen ›Zwiefachen‹, ›Gekreuzten‹ und die ›Siebenschritte‹, deren ganzer Reiz im rhythmischen Wechsel von Zwei- und Dreitakt, ja Vier- und Dreitakt beruht, und deren originelle Rhythmik da und dort auch ins Tanzlied eingedrungen ist. Man muß es gehört haben, mit welcher Selbstverständlichkeit der Waldler und auch der Hallertauer die komplizierten Rhythmen spielt und – tanzt! Mögen sie wohl aus dem Osten, aus dem Böhmerwald, ursprünglich gekommen sein; sie haben sich ganz und gar eingelebt im niederbayerischen Volkstum und sind aus seinem Tanz nicht wegzudenken. Unerschöpfliche Fülle kraftvollster Melodik birgt sich in seinem Zwiefachen.«

Dieses Urteil eines Fachmannes in unserer ganz unwissenschaftlichen Betrachtung rechtfertigt sozusagen unsere Vorstellung von Niederbayern. Sehr interessant ist die Einbeziehung des Dachauer Hinterlandes und Münchens. Um die Jahrhundertwende, als die Niederbayern in München sich in Vereinen zusammenfanden, als es selbst bei den Kunststudierenden Mode wurde, sich niederbayerisch zu geben, da tauchen jene G'sangl auf, die in ihrer Deftigkeit an Georg Queri erinnern und in ihrem schleppendem Melos von Niederbayern bestimmt sind. Ein solcher Text, mitgeteilt von Herbert Schneider lautet:

I bin da Durlhofer
von da Sunnaseitn
i hab an Krautacker
und a Habernleitn
i hob a Goaß im Stall
und zwoa Böck im Pflua
aber Schneid auf saubre Madln
hamma gnua.

DER »SCHMAI«

Mia ham scho Maderln ghabt, da hat uns koana mög'n
Weil mir um d' Nasn rum san voller Schmalzler gwen
Da liegt uns gar nix dro, wann uns a koane mog,
Weil uns vui liaber is a Pris Towok …

Jawohl der Schnupftabak, der Brasil oder der Schmai, wie er hierzulande genannt wird! Niederbayern und die Oberpfalz, vor allem der Wald sind die letzten Gebiete, in denen sich diese noch im 18. Jahrhundert weitverbreitete Leidenschaft erhalten hat. Die Gilde der Schnupfer, die sich gelegentlich zu Schnupfvereinen zusammenfindet, ja regelrechte Wettbewerbe veranstaltet, kann sich dabei auf eine stolze Ahnenschaft berufen: auf Friedrich Schiller, Goethes Mutter, Friedrich den Großen von Preußen, Immanuel Kant und so fort. Die zahlreichen uns überlieferten verzierten Schnupftabaksdosen, begehrte hochbezahlte Sammelobjekte und Geschenke von historischer Patina, die nicht weniger herrlichen Schnupftabaksgläser, in der Form verkleinerten Bocksbeutelflaschen gleichend, mit der farbigen Vielfalt ihrer eingeblasenen, eingedrehten Fäden, sind heute ausgesprochene Liebhaberstücke. Georg Britting schrieb ein Kapitel über den Schnupftabak: »Der Schnupftabak hat die braune Farbe des Flusses Regen. Von jeher machen den besten die Schuster, im Nebenerwerb. Die Blätter des Brasiltabaks werden, mit einer Zugabe von Kalk und Butterschmalz, in einer großen Schüssel mit einem Stößel zu einem feinen Pulver zermalmt. Der Stößl ist mit einem Lederriemen an der Stubendecke befestigt. Von dem Schmalz heißt der Schnupftabak Schmalzler ... Aber wer schnupft denn noch heute? Nur die alten Männer tun es und haben große rote und blaue Schneuztücher und sie zu waschen ist die Pein der Hausfrau.«

DER WALDLER

Der hagere Mann vor der Tür des Bauernhauses mag noch nicht so alt sein wie er wirkt. Er ist auch nicht so groß, wie man meint, denn die Türen der Häuser hier haben einen niederen Sturz. Was auffällt, ist sein schwarzer Hut, dessen Krempe das Gesicht überschattet. Helle Augen muß er haben, so meint man aus diesem Gesicht zu lesen, ein Gesicht, das von kleinen Fältchen überzogen ist. Sein zerknitterter schwarzer Anzug erhält durch eine Weste wie durch eine metallene Uhrkette etwas Ansehnlichkeit, die freilich durch eine faltenreiche billige Röhrlhose wieder fragwürdig wird. Die Haltung ist von einer gewissen Lässigkeit, aber auch ein wenig linkisch – wie man sie auf den alten Photographien oft antrifft. Dieses Zurschaustellen nach der Anordnung des Photographen entspricht seiner gewohnten Haltung nicht. Man könnte ihn mit einigen lokalen Abstrichen, die den Hintergrund betreffen, für einen Pionier aus dem amerikanischen Westen halten, so hager ist er, so wenig macht er von sich her, blickt geradeaus in eine unbestimmte Weite. Man erkennt noch ein hölzernes Wagenrad, rechts in das Bild hineinragend. Vielleicht wird unser Vergleich mit den Rangern von diesem Versatzstück zu sehr bestimmt. Er ist ein typischer Waldler. Ich kannte ihn noch aus meiner Kinderzeit.

DER GÄUBODEN

LANDSCHAFT UND SIEDLUNGSBILD

Irlbach liegt am Rande des Gäubodens, dessen Zentrum die Stadt Straubing ist. Genauer gesagt, liegt es in der die Donau anmutig begleitenden Fluß- und Auenlandschaft, die mehr auf Kies, Flußsand und Schotter gründet, denn auf fruchtbaren Lößschichten. Im Irlbacher Schloßgarten lassen sich prächtige Baumexemplare bewundern, die der Auwald hervorbringt:

stattliche Linden, Eichen-Zwillinge und Eschen-Sechslinge. Hier wird uns die Gefahr der von der Rhein-Main-Donau-AG geplanten Flußregulierung an einem kleinen Teilstück bewußt, eine Gefahr, die für die ganze Flußlandschaft – die letzte noch ursprüngliche Auen- und Altwasserlandschaft zwischen Straubing und Vilshofen – gegeben ist. Naturschützer wehren sich gegen die Zerstörung dieses Flußparadieses mit seinen natürlichen Biotopen, Lebensräumen seltener Vogelarten. Jedoch die Aktiengesellschaft der Regulierer ist mächtig. Sie will zwei Staustufen und ein verbindendes, die anmutigen Flußschleifen umgehendes Kanalstück durchsetzen. Es ist noch offen, wer hier gewinnt.

Der eigentliche Gäuboden ist die mehrere Kilometer breite Ebene zwischen Regensburg und Vilshofen. Grundlage seiner Fruchtbarkeit sind tiefgründige Lößschichten in verschieden starken in der letzten Eiszeit angewehten Mengen. Weithin sich dehnende Getreidefelder, große Zuckerrübenfelder, Mais- und Gemüsekulturen beherrschen die Ebene. Jawohl, die Ebene. Seit dem letzten Jahrhundert finden wir häufig Pappeln in etwas zu engen Doppelreihen. Es sind die sogenannten Mooser-Pappeln, benannt nach Schloß Moos bei Langenisarhofen, dessen Besitzer – ein Graf Arco-Zinneberg – mit seiner Baumschule wesentlich zu ihrer Verbreitung beigetragen hat. Trotz der Flurbereinigung gibt es immer noch einzelne Bäume, Wäldchen und Hölzl als Zufluchtsorte für das Getier.

Das größte Refugium für zahlreiche Vogelarten bilden die Auwälder in der Isarmündung bei Plattling mit ihren schilfüberwachsenen Tümpeln. Wir finden die Rohrdommel, den Storch und den Fischreiher, den Kormoran. Eine herrliche Blütenpracht liegt im Frühjahr und Frühsommer im Verborgenen: Wasserschwertlilie und Sibirische Schwertlilie, das Gottesgnadenkraut und die Wasserfeder, Krebsschere und glänzende Wolfsmilch; bei Sammern auch die seltenen Arten wie Federgras, Hundswurz und purpurne Schwarzwurz, Kalk- und Goldaster, sie sind freilich auch durch den rege betriebenen Kiesabbau in dieser Schwemmsand- und Geröllfläche gefährdet.

Der ebene Teil Niederbayerns ist von wenigen Straßen durchzogen, an denen in größeren Abständen Dörfer liegen, kleine und große, dann Märkte, die sich in breiten Marktplätzen öffnen, gesäumt von stattlichen Flachgiebelhäusern und breithingestreckten Gasthöfen, aufgelassenen Landbrauereien. Wo einst Sitz der Grundherrschaft war, duckt sich ein Schloß unter hohen Baumkronen, der Garten von einer Mauer umringt. Die Dörfer machen ein eindrucksvolles Bild – Hof an Hof – mit der Schmalseite am Anger, Scheune und Wagenschuppen oft zum Viereck geschlossen. Es sind fast ausnahmslos Straßendörfer, deren weithin sichtbare Mitte die Kirche bildet. Manche dieser Dorfkirchen – wie Michaelsbuch oder Rettenbach im Mettener Klosterland – sind Perlen des Barock und Rokoko. Das behäbige Bauerndorf Thundorf besitzt eine besonders reich ausgestattete Rokokokirche mit einem Fresko von Franz Anton Rauschner, noch übertroffen von der im Dorf Loh bei Deggendorf befindlichen Wallfahrtskirche, die man nicht ganz zu Recht die »schönste Dorfkirche Niederbayerns« genannt hat. Eine eigene Wirkung, die das Idyllische und Romantische zugunsten der Nutzbarkeit ausschließt, geht von den großzügig bemessenen Straßenplätzen aus. So schildert Ernst Kammerer, der im Zweiten Weltkrieg gefallene Münchener Essayist »jene Dorfstadt Plattling, die mit der Bahn

Das Obere Tor und der Marktplatz von Vilsbiburg (1882)

schwer zu erreichen ist, aber als Kern eines ländlichen Gebiets vielbefahrene Landstraßen an sich zieht. Mit welcher Breite treten die Plätze in der Mitte der Landstädte auseinander. Ein einziger großer Platz, lang wie eine Straße, und breiter als die modernste Straße für den motorisierten Verkehr, hat von jeher hier den Bauernmarkt aufgenommen. Wirtshaus an Wirtshaus schaut mit dunklen Fenstern und hallenden Einfahrten auf den Marktplatz. In den Erntetagen sind die großen Plätze leer. Wie ausgedörrt liegen sie in der Sonne, staubig und still. Aber man spürt, daß sich ein großer heidnischer Durst hier ansammelt, der nach der Ernte beim Marktfest gewaltig gestillt werden soll.« Den in seiner altbayerischen Behäbigkeit herrlichen Marktplatz von Vilsbiburg - ein langgezogener Straßenplatz - säumten vor der großen Änderungswelle des 19. Jahrhunderts Häuser mit Landshuter Steilgiebel, Donauländischem Schweifgiebel und Inn-Salzachtaler Blendgiebel mit einer hochgezogenen Stirnmauer. Und der Marktplatz von Pilsting bei Landau an der Isar ist immer wieder ein Erlebnis, wenn man von Landshut oder Deggendorf kommend hineinbiegt. Und man erinnert sich wie Hans Carossa, der hier seine Volksschulzeit erlebte, die Fronleichnamsprozession geschildert hat: »Am Fronleichnamstage merkte man freilich, daß alle anderen Tage nur auf diesen einen gewartet hatten. Der Platz glich dann einem ungeheuren oben offenen Saal, an dessen Wänden sich der Umgang mit Lichtern, Bannern und Standbildern hinbewegte.«

Ein Naturschutzgebiet und neues Biotop entstand durch die Stauung des unteren Inn. Hier sind heute in einer »Vogelfreistätte« 276 Vogelarten nachzuweisen und eine Biberkolonie findet ihren gemäßen Lebensraum.

BAD FÜSSING UND DIE POCKINGER HEIDE

Die große Schotterterasse, die der Inn bei Pocking bis Neuhaus/Inn aufgeschüttet hat - die Pockinger Heide - ist heute mit

Äckern und Gehölzen überzogen. Und mittendrin liegt das rasch gewachsene Thermalbad Füssing mit weit auseinandergezogenen Hotelkomplexen, Kurhaus- und Badanlagen, Ladenstraßen, Pensionen und Gästebauernhöfen. In seiner Umgebung sind abwechslungsreiche Wandergebiete und Wälder unter Schutz gestellt. Dorthin und an das Vogelschutzgebiet am Inn führen autofreie Wege, ein Dorado, das die spürsinnigen Radfahrer schon entdeckt haben.

Wo nach 1945 nur die barackenartige Badeanstalt um die Stammquelle (sie blieb als Erinnerungsstück erhalten) und einige Neubauten im Stil von Mehrfamilienhäusern (Pensionen) zu sehen waren, erstreckt sich jetzt eine großzügig ausgebaute Kurstadt mit schachbrettartiger Anlage, gepflegten Straßen, Nachtfahrverbot, großen Hotelanlagen, alles in großzügigem Format in die Ebene hineingesetzt. Hinter der noch immer belagerten Stammquelle ragt das neuerrichtete Haßfurthersche Behandlungszentrum mit neuen Becken und Ruheräumen auf.

Auch das imposante Klinikum »Johannesbad« überrascht mit neuen Erweiterungsbauten, Untersuchungseinrichtungen und Behandlungsräumen, samt den raffiniert gestalteten Wasserbecken, die für jedermann verfügbar sind.

Schönburg bei Pocking liegt auf der Anhöhe und grüßt uns mit seinem neubarocken Zwiebelturm und der hinter den Bäumen versteckten Schloßsilhouette. Wer hinüberfährt entdeckt einen Ort von altem herrschaftlichem Zusammenstand. Das alte verfallende Arco-Schloß, das jüngst einen engagierten Wiedererwecker gefunden hat, ist ein stattlicher Vierflügelbau mit Eckpavillons und »Cour d'honneur«, barock und passauerisch geprägt in der strengen Manier des Jakob Pawanger erbaut. Hier verbrachte die Gräfin Mechtilde Arco-Zinneberg, spätere Fürstin Lichnovsky (1879–1958) im Schloß ihrer Eltern ihre Kindheit, die sie uns reizvoll beschrieben hat. Schönburg nennt sie »Beaucastle«. Die Schriftstellerin Mechtilde Lichnovsky war eine entschiedene Gegnerin Hitlers, Mäzenin der verfemten Maler (Franz Marc und Willy Geiger) und Schriftsteller, darunter auch Johannes R. Becher, der ihr das Gedicht »Die Fürstin« widmete. Sie verbrachte den Krieg bei ihren Verwandten in Böhmen und München. Im Frühjahr 1945 kehrte sie an die Stätte ihrer Kindheit in das verlassene Schloß Schönburg zurück und erwartete hier bis Juni 1946 die Ausreise nach England.

Annette Kolb »Grande Dame« der Literatur schreibt über sie: »Sie war eine interessante Frau, die ich in meiner Jugend oft in München gesehen und gesprochen habe. Von ihren Büchern liebe ich, neben dem Dackelroman »An der Leine« vor allem ihre Novelle »Rendezvous im Zoo«; ich halte sie für ein kleines, nein, für ein großes Meisterwerk. Mechtilde Lichnovsky ist eine Meisterin der deutschen Sprache. Mit vollem Recht hat sie in ihrem Buch ›Worte über Wörter‹ eine Kampfansage an das in und durch die Nazizeit korrumpierte Deutsch erhoben ...«

Als man ihr 1936 verbot, ohne Genehmigung zu publizieren, schrieb sie an die Frau ihres Verlegers S. Fischer: »Gut, ich schweige, aber niemand kann mir die Liebe zu der schönen, unsagbar schweren deutschen Sprache nehmen, was immer ich geschrieben habe, wurde ihr zuliebe geschrieben.«

Zitieren wir sie selbst in einem kleinen Ausschnitt aus ihrer Schönberger Kindheit:

»Vom zweiten Stock aus konnte man ebensoviel Himmel sehen wie Land. Da, wo beide zusammenstießen war schon Österreich. Dort waren die Wälder nicht mehr grün, sondern hellblau und an schönen Nachmittagen stand ein feingezeichnetes Gebirge über ihnen, noch hellblauer und so deutlich, daß man unbedingt einen Gamsbock auf dem Grat hätte sehen können ...«

STÄDTE AN DER DONAU

Im Kerngebiet des Gäubodens, dem fruchtbaren Lößboden, finden wir hauptsächlich Dörfer und »Dorfstädte« der geschilderten Art. Die Fruchtbarkeit des Bodens verhindert vielleicht, daß sie an ihren Rändern allzu sehr ausufern. Wo es nach dem Kriege zu Städte-Neugründungen kam – wie Neutraubling bei Regensburg – gab ein in den Dreißiger Jahren angelegter Militärflugplatz (auf der Schotterterrasse) den Anlaß.

Die größeren Städte – Straubing, Deggendorf und Vilshofen – liegen an der Donau. Sie haben allesamt eine für die Flußschiffahrt und die Handelswege günstige Lage. Deggendorf möchte man mit dem alten Ausdruck »schöngelegen« bezeichnen, Passau auf dem Gneisrücken im Zusammenstoß dreier Flüsse hineingebaut, ist eine Stadt-Landschaft von geradezu dramatischer Schönheit.

DIE STADT IN DER EBENE: STRAUBING

Gewiß, die in die Ebene hineingebaute Stadt Straubing hat eine eigene, aus ihrer Geschichte erwachsene Bedeutung und rationale Schönheit. Man weiß, daß sie dreimal ihren Standort gewechselt hat und von dem keltischen Sorviodorum über die mittelalterliche Volksburg Atzelburg nach Altstraubing gewandert ist. Immer wurde der Platz zu eng oder entsprach nicht den Anforderungen der Zeit. 1218 endlich, unter Ludwig dem Kelheimer, haben die Bürger Straubings den entscheidenden Schritt zur Lebensfähigkeit ihrer Stadt getan. Sie schufen die neue gotische Stadt in der Ebene und gaben ihr die weiträumigen Abmessungen, die noch bis in den Beginn des 19. Jahrhunderts Bestand hatten.

Ludwigsplatz in Straubing mit seinen mittelalterlichen Giebelhäusern und Türmen (um 1930)

Von einem Ende zum anderen zieht sich eine breite melonenförmige Platzstraße und teilt die Stadt in eine Nord- und

Südhälfte. An ihren Seiten, wie auf einer Korallenschnur aufgereiht, liegen die Bürgerhäuser, gotische Steilgiebel und behaglich breite Fronten mit hallenden Einfahrten, Wirtshaus an Wirtshaus. In die breite Mitte des Platzstromes, stemmt sich der massige sechzig Meter hohe Stadtturm mit seinen fünf böhmischen Zinnen. Etwas abseits liegen die backsteinernen Riesenleiber der Pfarrkirche St. Jakob und der Karmelitenkirche, die einmal die Hofkirche der Herzöge war. Ihre Schiffe sind so hoch, daß die Baumasse, die sie über die Dächer der Stadt erhebt, immer noch als eine steile stattliche Kirche wirkt. In der Nordostecke des Stadtvierecks, hart an den Strom gedrückt, steht ein weitläufiger Bautrakt mit kleinen Fenstern und klotzigen Ecktürmen: das Residenzschloß der Herzöge. Kirchenschiffe, Plätze, Türme, Brauhäuser, überall spürt man eine Großzügigkeit, die an Verschwendung grenzt, eine breite Behäbigkeit ohne Enge, immer wieder Reichtum, freizügiger Bauernstolz und der weite Atem der Ebene. Freizügigkeit und Offenheit sind denn auch die Grundzüge der Straubinger Stadtkultur durch die Jahrhunderte. Schon der Bau der Petersbasilika, Straubings ältester Pfarrkirche, deutet hinüber in die Lombardei und nach Oberitalien, wo in Como oder Verona Verwandtes zu finden ist. Für die spätgotischen Kirchenräume holte man sich den genialsten altbayerischen Kirchenarchitekten Hans Stethaimer aus Landshut. Altartafeln und Glasgemälde sind kostbares Nürnberger und Augsburger Werk. Für die Umgestaltung der Karmelitenkirche rief man Wolfgang Dientzenhofer aus Bamberg und Josef Mathias Götz aus Passau, und die Ursulinenkirche haben die berühmten Brüder Asam aus München gebaut.

Die Altarblätter der Schutzengelkirche malten der Hofmaler Kaspar Sing, der Augsburger Johann Evangelist Holzer und Cosmas Damian Asam. Die 1709 zum Dank für die Errettung der Stadt im Spanischen Erbfolgekrieg errichtete Dreifaltigkeitssäule ist eine der schönsten dieser »geistlichen Landmarken« zwischen München und Wien.

Wo heute das Haus des »Straubinger Tagblatts« steht - ein modernes Pressehaus - da erhob sich einmal das Haus des »Reichen Lerchenfelders«, wie man Kaspar Lerchenfelder, den Stammvater des Grafengeschlechts von Lerchenfeld, nannte. Zu seinen Schuldnern zählten die bayerischen Herzöge, die Könige von Spanien und Portugal und die Reichsstadt Nürnberg. 1643 ging das Haus an den Apotheker und späteren Bürgermeister Simon Höller über. Von ihm stammt die seltene Hauskapelle der Asam, die »ohne die leiseste Beschädigung« im oberen Stock des Hauses erhalten blieb. Leidlich erhalten blieb die Rokokofassade des »Hauses in der Kron« (des früheren Zeller-Hauses) mit seinem italienisch anmutenden Laubenhof in der Hauskapelle. Der mächtige mit fünf turmartigen Aufsätzen zum Himmel strebende Stadtturm teilt den Straßenplatz und ist weithin sichtbarer Wächter und Wahrzeichen Straubings. Ihm gegenüber liegt das gotische Rathaus, das im Jahre 1382 durch den Kauf zweier Privathäuser entstand. Es erhielt bei der Renovierung von 1892/93 einen neugotischen Treppengiebel samt Glockentürmchen.

In der Fraunhoferstraße, nahe dem Geburtshaus des großen Sohnes der Stadt, finden wir das Gäubodenmuseum, mit viel Liebe und Einsatz aufgebaut und eingerichtet. Es enthält den berühmten, 1950 aufgefundenen Schatz von Bronzemasken aus dem Militärlager Sorviodurum. Das einstige Herzogschloß steht am nordwestlichen Rand der Stadt, am Ufer der Donau.

Eine eher bescheidene Residenz, wie sie dem Teilherzogtum zukam, mit Schloßkapelle, Salzstadel und kleinem Turmbau, der »Agnes-Bernauer-Turm« genannt wird, weil er der Unglücklichen als Verlies gedient haben soll. Wer weiter auf den Spuren der Bernauerin wandern will, der wird die kurze Wanderung hinaus zum Friedhof von St. Peter nicht versäumen. Schon von weitem erkennt man den etwas erhöhten, fest ummauerten Hügel mit den beiden romanischen Türmen von St. Peter. Dieses stolze Münster wurde um 1180 durch das Augsburger Domkapitel errichtet, dem das alte Straubing zugehörte. Um das feste romanische Gotteshaus breitet sich einer der schönsten historischen Friedhöfe Deutschlands – ein Campo Santo des Straubinger Bürgertums, mit Seelenkapelle und Totentanzbildern des Rokoko. Gedächtniskapelle nennt sich die schmale gotische Kapelle, die Herzog Ernst eingedenk seiner Freveltat an der Agnes Bernauer hier errichten ließ. Ein schlichter Marmorstein zeigt ihre schlanke Gestalt mit dem Rosenkranz in den Händen.

Die tragische Geschichte der Bernauerin hat Ricarda Huch in der Erzählung »Engel von Augsburg« festgehalten: »Herzog Albrecht der Freudige hatte die warme quellende Natur vielleicht von seiner Mutter, die eine Visconti von Mailand war. Sein Herz stand dem Leben und seinen Gaben offen, er rechnete und zauderte nicht, wenn er fühlte, er liebte das ritterliche Spiel und den Kampf, vor allem aber die Musik. Er war wegen eines Turniers, das ihm zu Ehren veranstaltet wurde, nach Augsburg gekommen; aber auch sonst war er öfter dort und pflegte die Badstuben zu besuchen. Dabei vermutlich lernte er Agnes Bernauer kennen, deren Vater Barbier und Badstubenbesitzer war. Ihre Schönheit, die allgemein von den Zeitgenossen gerühmt wird, namentlich ihr langes goldenes Haar fiel auf, zog ihn wohl auch zuerst an; aber ihre ganze Persönlichkeit muß es ihm angetan haben, daß er, alle Bedenken beiseite setzend, sie zu seiner Frau erklärte und als solche behandelte.

In Straubing, wo er anstatt seines Vaters regierte, bezog er mit ihr das herzogliche Schloß, an dem die Donau vorüberfließt. Während sie in ihrer Liebe die Welt vergaßen, beschäftigte sich die Welt gründlich mit ihnen. Als Albrecht für einige Zeit von Straubing abwesend war, wie es heißt, auf seines Vaters Betreiben weggelockt, erschien dieser plötzlich und ließ die Ahnungslose, Hilflose vor ein Gericht stellen. Was dazu den Vorwand gab, ist nicht bekannt; wahrscheinlich wurde Agnes der Zauberei angeklagt, und es mag der erbitterten Familie tatsächlich so vorgekommen sein, als habe sie den jungen Fürsten durch verbotene Kunst an sich gefesselt. Ernst kam es hauptsächlich darauf an, Agnes zu dem Geständnis zu bringen, sie sei nicht seines Sohnes Ehefrau; darauf aber ging sie nicht ein. Den Tod vor Augen beharrte sie darauf, ihres Geliebten rechtmäßige Frau zu sein. Sie wurde von dienstwilligen Richtern schuldig gesprochen und am 12. Oktober 1434 in der Donau ertränkt.«

AN DER SONNENSEITE DES BAYERISCHEN WALDES: DEGGENDORF

Südwestlich von Deggendorf ragt ein einzelner Berg aus der Donauebene. Er ist geologisch gesehen ein Gneiskegel, also ein Teil des Urgesteins oder Urgebirges, das wir heute Bayerischer Wald nennen. Mit ihm, der schon seit der Jungsteinzeit besiedelt war und der sich später den Römern als strategische Warte anbot, beginnt die

Das Rathaus von Deggendorf (1935)

Geschichte Deggendorfs. Natternberg und Burg, die im Schutze der mächtigen Grafen von Bogen standen, fielen im 13. Jahrhundert dem bayerischen Herzog Otto II. dem Erlauchten zu. Dieser ist der Gründer der Neustadt zu Deggendorf um 1250. Das namengebende Dorf »Tekking« geht wohl auf die Zeit der Agilolfingerherzöge zurück, das sich in »Urvar«, dem heutigen Ufer befand und bei dem ein Reihengräberfeld gefunden wurde. Aus dem Dorf wurde in Karolingischer Zeit ein Königshof, der um das Jahr 1000 von der Bayernherzogin Judith an das Frauenstift Niedermünster in Regensburg geschenkt wurde. Das Stift errichtete am Westabhang des Geiersberges eine Propstei mit Kirche und Wirtschaftsgebäuden. Nördlich dieser befestigten Klosterburg errichteten die Babenberger, die Gunst der Lage nutzend, am Hang des Mühlberges eine zweite Siedlung mit Mühlen, Handwerks- und Hafnerbetrieben, die sich 1058 als »oppidum« bezeichnen konnte. Zwischen die beiden Siedlungen schob nun der Wittelsbacher Herzog Otto II. die von ihm gegründete Neustadt Deggendorf hinein, das große Oval mit den in der Mitte sich kreuzenden Hauptstraßen, von denen eine in der Stadtmitte erweitert wurde, umgeben von einer Stadtmauer mit vier Toren.

Keines der vier Tore ist uns erhalten, und von der Stadtmauer sehen wir heute nur noch ein kleines Stück mit Wehrgang zwischen Bahnhofstraße und Schlachthausgasse. Der Rathausturm – das profane Wahrzeichen der Bürgerstadt – dürfte etwa hundert Jahre nach der Stadtgründung erbaut worden sein. Sein noch stattlicheres Gegenstück ist der von Johann Michael Fischer 1727 vollendete Kirchturm der Heilig-Grab-Kirche. Wirkungssicher als Abschluß in die Platzmitte gestellt, gilt er – nach gelungener Restaurierung – als einer der schönsten Kirchtürme von Niederbayern. Mit dem Bau der Grabkirche im Jahre 1337 ist es den Bürgern der mittelalterlichen Stadt gelungen das traurige Kapitel eines Judenpogroms (wegen angeblicher Hostienschändung) in eine volk- und ertragreiche Wallfahrt umzumünzen. Noch im Jahre 1837 kamen an die 120 000 Wallfahrer zur »Deggendorfer Gnad«. Dazu hatte man noch sieben offene Jahrmärkte.

Ein Deggendorfer ist dann einer der engsten Mitarbeiter Dr. Martin Luthers gewesen: der am 1. Oktober 1492 geborene Georg Rörer. Er gilt als der erste von Luther persönlich eingesetzte evangelische Geistliche.

Die Pfarrkirche Mariä Himmelfahrt erhebt sich auf dem Platz der erwähnten Propstei. Einen Neubau des 17. Jahrhunderts führte der Münchner Baumeister Konstantin Baader aus. 1743 wurde sie nach einem Brand erneuert, 1885–1898 setzte man ihr eine aufwendige Westfassade mit neuem Treppenaufgang vor. Die den Friedhof östlich begrenzende Wasserkapelle stellt einen seltenen Zentralbau mit Mittelstütze dar. Er bewahrte uns das hervorragende romanische Tympanonrelief »Flucht nach Ägypthen« der romanischen Vorgängerkirche über die Zeiten hin. Vor der Kapelle und seitlich von ihr stehen die teils ruinösen, verwitterten und mutwillig beschädigten, jedoch qualitätsvollen Steinfiguren eines barocken Kreuzweges, Stiftung des kaiserlichen »Hofkontrolors« Kaspar Aman in Wien aus dem Jahre 1696. Noch immer steht das alte Mauthaus am Urvar (dessen Zustand uns in einer meisterlichen Photographie um 1910 überliefert ist) an der Stelle der ältesten Brücke von Deggendorf. Noch immer schneidet die alte Findelsteinstraße die Parklandschaft des Geyerberges. Sie ist Teilstück der großen Handelsstraße, die von Süden her ins Böhmerland führte, also Vorläuferin der bekannten Ruselbergstraße.

Als Einkaufszentrum für das Umland und große Teile des Bayerischen Waldes, zeigt Deggendorf werktäglich viel Betrieb. Großbetriebe der Textilindustrie, eine Schiffswerft und ein Schiffahrtsgeschäft, viele Handwerksbetriebe und Einzelhandelsgeschäfte bestimmen das rege Wirtschaftsleben der Donaustadt. Entlang der Autobahn nach München, bis gegen Michaelsbuch hin, entstehen neue Gewerbebauten und Fabrikhallen auf dem fruchtbarem Gäuboden.

MEHR ALS EIN EISENBAHNKNOTENPUNKT: PLATTLING

Wenn Plattling genannt wird, denkt jeder Reisende an den Bahnhof. Es ist Niederbayerns klassischer Eisenbahnknotenpunkt und Umsteigeplatz. Plattling war schon in der Römerzeit Treffpunkt zweier Straßen. Die eine kam von Pilsting her das Isartal entlang, die andere verband die Kastelle an der Donau. Plattling wechselte mehrmals seinen Standort vom linken Isarufer auf das rechte, bis es auf Geheiß des Landgrafen Johann von Leuchtenberg auf das linke Isarufer verlegt wurde und nach planmäßiger Gründung 1320 das Marktrecht verliehen bekam. Eine Stadt wurde Plattling erst 1888.

Alt-Plattling liegt indes noch auf dem rechten Isarufer. Hier steht die älteste Stadtpfarrkirche St. Jakob, ein herber romanischer Bau im System einer Pfeilerbasilika. Im gotischen Altarhaus entdeckt man einen feinen Schnitzaltar der Zeit um 1500 mit gemalten Tafeln.

Hier erinnern wir uns, daß Plattling an einer alten Völkerstraße lag, der im Nibelungenlied Erwähnung getan wird: »Zu Pledelingen schuf man den Gästen gute Ruh ...« heißt es dort.

Die Pfarrkirche St. Magdalena schiebt sich in den von donauländischen Hausfronten gesäumten Rechteckplatz mit neuromanischer Fassade. Darin entpuppt sich ein interessanter Rokokobau des Landshuter Baumeisters Felix Hirschtetter von 1759/60 mit originalen Altären.

Hengersberg, nur zehn Kilometer von Deggendorf entfernt, verdankt seine Entstehung als Markt dem Kloster Niederaltaich im Jahre 1009. Weithin sichtbar krönt die Rohrbergkirche St. Michael den markanten Hügel. Sie steht an der Stelle einer

Burg des »Altmann von Hengersberg« und überrascht mit einer bewegten Schnitzgruppe »Maria unter dem Gekreuzigten«, die dem aus Augsburg stammenden Bildschnitzer Franz Mozart zugeschrieben wird. Bei einem Brand ging die Pendantfigur, ein Johannes Evangelist bis auf den Kopf zugrunde. Dieser befindet sich heute im Mozarthaus in Augsburg. Denn der Schnitzer der Gruppe war ein Urgroßonkel Wolfgang Amadeus Mozarts.

Der gutgebaute Ort, den freundliche Häuser säumen, besitzt im südlichen Marktteil auf einem kleineren Hügel, an Stelle einer vom heiligen Abt Godehard von Niederaltaich erbauten romanischen Kapelle, die Kirche Mariä Himmelfahrt aus dem 18. Jahrhundert.

OSTERHOFEN UND VILSHOFEN

Osterhofen, die zweite Stadt im Landkreis Vilshofen - liegt an der Bahnlinie Regensburg-Passau. Die stattliche Siedlung mit ihrem geräumigen Rechteckplatz ist eine Gründung des Landgrafen Johann I. von Leuchtenberg, der um 1378 als Vogt des Klosterhofes Osterhofen ein Straßendorf nördlich des Prämonstratenserstiftes erweiterte. Der Ort, auf dem sich das uralte von dem Agilolfingerherzog Odilo und seiner Gemahlin Hildtrudis im Jahre 737 gegründete Kloster erhob, erhielt im Laufe der Zeit den Namen Altenmarkt. Schon im 8. Jahrhundert soll sich an diesem Ort eine Herzogs- später Königspfalz befunden haben. Der Bayernherzog Heinrich IV. errichtete zu Beginn des 11. Jahrhunderts ein Chorherrenstift, das nach 1138 den Prämonstratensern übergeben wurde. 1726 wurde durch den Abt des Prämonstratenserklosters Paul Wieninger der Bau der Rokokokirche begonnen. 1783 errichtete Kurfürstin Anna Sophie hier ein Frauenstift, das bis 1833 Bestand hatte, heute ein Mädcheninternat der Englischen Fräulein.

Vilshofen liegt an der Mündung der Vils in die Donau. Obwohl schon seit dem 8. Jahrhundert beurkundet, wurde es erst 1206 zur Stadt erhoben. Aus der Hand des Hochstifts Passau ging es an die Grafen von Ortenburg und 1250 an die bayerischen Herzöge über. Die planmäßige Gründung, dem Lauf der Donau folgend, östlich begrenzt durch die Vils, ist gekennzeichnet durch eine einzige breite und langgezogene Platzstraße. Diese wird abgeschlossen durch den markanten zwiebelgekrönten Stadtturm von 1642 und den ursprünglich gotischen Bau der Pfarrkirche Sankt Johannis Baptist. Im Jahre 1794 legte ein Brand die Stadt bis auf vier Häuser in Asche. Der Wiederaufbau der Häuser geschah in der damals üblichen brandsicheren Inn-Salzach-Bauweise mit gerader Fassadenstirn und dahinter eingesenktem Grabendach. Dazwischen stehen auch Häuser mit flachem Giebeldach. Die Pfarrkirche wurde erst seit 1803 renoviert und sie erhielt eine sehenswerte Einrichtung aus Sankt Nicola nächst Passau. Eine Innschriftkartusche an der Stuckfigur des Heiligen Johannes Nepomuk erinnert an die Verdienste des Vilshofener Bierbrauer Wieninger um den Wiederaufbau der Kirche. Ein anderer Vilshofener Bierbrauer, Josef Groll, stiftete seiner Heimatstadt eine Kapelle in der sogenannten Kreppe. Die Freunde des untergärigen Bieres, kurz Pils genannt, seien daran erinnert, daß dieser tüchtige Braumeister am 11. November 1842 während eines dreijährigen Aufenthaltes in Pilsen, zum ersten Mal »den Foam« (Schaum) von seiner neuen Brauschöpfung blies, die von da an den Namen Pilsens in alle Welt trug.

Ein altes Zeitungsphoto zeigt uns den Aschermittwochs-Viehmarkt von Vilshofen im Jahre 1914, wenige Monate vor Beginn des Ersten Weltkrieges. Damals wurde mit einem Aufgebot von 2164 Stück Vieh ein Rekordauftrieb erreicht. Man erblickt zwischen den heute verschwundenen Alleebäumen bis dicht an die Häuser heran fünf oder sechs Reihen mit Vieh zwischen denen sich ein Strom von Bauern und Händlern dahinschiebt. Ein Bericht im Vilshofener Tagblatt aus jener Zeit:

»Es herrschte ein solches Gedränge, daß die Leute meist nur noch dahingeschoben wurden. Auf dem Viehmarkt selbst waren Menschen und Tiere so dicht zusammengekeilt, daß die Käufer Mühe und Not hatten, sich für den Handel freie Bahn zu schaffen.«

Es ist heute vergessen, daß der Aschermittwoch in Vilshofen seit dem 16. Jahrhundert ausschließlich ein Viehmarkttag war. Der politische Aschermittwoch hat sich erst um die Jahrhundertwende aus bescheidenen Anfängen entwickelt. Die Parteien nützten die Tatsache, daß hier zum Hauptmarkttag viele Menschen zusammenströmten. Die erste Großkundgebung fand im Jahre 1919 im »Wieninger-Saal« statt. Der Bayerische Bauernbund hatte dazu als Redner die Abgeordneten Bachmeier und Matzeder eingeladen. Aber sie konnten wegen der Ereignisse in München (Ermordung des Ministerpräsidenten Eisner) in Vilshofen nicht erscheinen. Zur Geschichte des Weißblauen Aschermittwochs, der heute schon wieder der Vergangenheit angehört, dessen Spannung und Originalität man nachtrauert, haben vor allem die Reden von Josef Baumgartner und Franz Josef Strauß beigetragen. Sie waren gezeichnet von dem persönlichen Temperament der beiden Star-Redner und gepflastert mit zahlreichen Stegreifattacken. Letztere wurden dadurch ermöglicht, daß geheime Verbindungsleute im Saal des politischen Gegners die gegenseitigen Angriffe rasch notierten und ihrem »Chef« noch während der Rede auf den Tisch legten. Die Antwort erfolgte prompt und löste wahre Begeisterungsstürme aus. Übrigens gibt es auch einen alten Ufa-Filmstreifen, der das Treiben auf dem Vilshofener Aschermittwoch-Markt festgehalten hat. Der ist allerdings aus dem Jahre 1936, als die NSDAP ihre Säle füllte, der Bayerische Bauernbund aber immer weniger Besucher anzog.

DAS HÜGELLAND AN VILS UND ROTT

ZEUGNISSE ALTER BAUERNKULTUR

Zwischen Inn und Laaber nach Süden hin erhebt sich kraftvoll gewölbtes und weit sich dehnendes Hügelland, das von Flußtälern durchschnitten wird, den Tallandschaften der Vils und der Rott. Zahlreiche kleine Seitentäler schneiden in die weitgeschwungenen Uferhänge hinein, Verbindungswege und Straßen führen auf entlegene Höhen, durch größere Waldparzellen und bewaldete Hänge. Es ist der Zug und Schwung der Hügel, der sich als großzügiger Landschaftsrhythmus einprägt. Märkte und Städte, die uns bei Wanderungen und Fahrten durch das niederbayerische Hügelland begegnen, sind in ihrer Situierung, Lage und baulichen Erscheinung von der Bewegtheit des Terrains bestimmt. Mehr

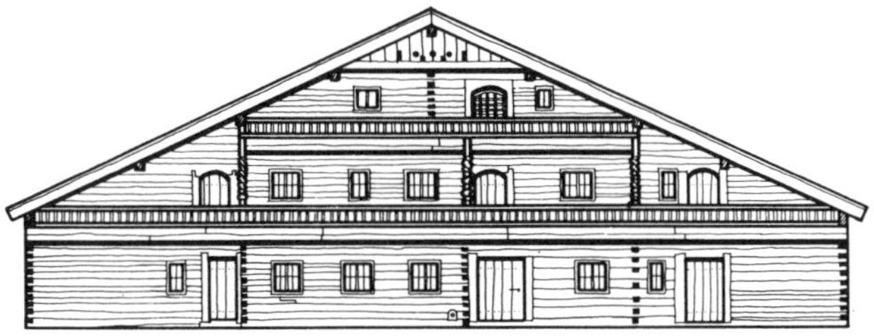

Der Schusteröderhof - klassisches Beispiel eines Stockhauses aus dem 18. Jahrhundert

oder weniger deutlich ist dies bei Landau an der Isar, Dingolfing, Pfarrkirchen, Velden an der Vils, Birnbach, Kößlarn, Griesbach und Ortenburg.

Das Rottal ist noch immer mit den Zeugnissen einer alten großräumigen Bauernkultur durchsetzt, deren Erhaltung eine Pflichtaufgabe europäischer Landwirtschaftspolitik sein müßte. Obwohl Niederbayern viel von seinem überlieferten Dorfgesicht - gerade nach 1945 - preisgegeben hat, weil ein guter Boden und großräumige Agrarstruktur die Lust am Erneuern fördern, finden sich hier noch zahlreiche Beispiele der Rottaler Bauernhausformen: der Stockhäuser mit dem heruntergezogenen Dach, der Vierseithöfe, die ländlichen Burgen gleichen, Burgen aus Holz.

Die Muster birgt heute das Bauernhausmuseum in Massing an der Rott. Schon der Marktplatz ist ein Muster. Den Bauernmarkt säumen an den zwei Seiten Steinhäuser mit geradem und geschweiftem Giebel in lebhaft-frischer Färbelung. Am Ortsrand lagert der Schusteröderhof, so als wäre er schon vor Jahrhunderten hier gestanden. Ein Rottaler Vierseithof, bestehend aus dem Wohnhaus mit zwei Ställen und breitausladendem Dach, langgezogenem, geraniengeschmücktem Schrot (Balkon), dem gegenüberliegend Stadel (Scheune), dem Wagenschupfen und dem Traidkasten (Getreidekasten) - das kleine Backhaus wegen der Feuergefahr ein wenig abgerückt.

Das Stockhaus, das in der Gegend von Eggenfelden seine Hauptverbreitung gefunden hat, ist eine großartige Leistung bäuerlichen Bauens und ein Musterbeispiel niederbayerischer Zweckbedachtheit und Vernunft. Dies zeigt sich in der übersichtlichen Zusammenfassung der Wohn- und Wirtschaftsbereiche: Wohnhaus und Ställe - wie gesagt - alles unter einem Dach.

Das Stockhaus des Schusteröderhofs ist im Jahre 1770 errichtet worden und stand ursprünglich als Einödhof in der Gemeinde Malling, etwa drei Kilometer vom heutigen Standort. Die Schrotsäulen sind nach Balusterart geschnitzt und bemalt. Im ersten Stock der ungewöhnlich breite Hausschrot, im Obergeschoß der Oberbodenschrot. Über der Hauptschrottür finden wir eine der sogenannten Rätselinschriften, bei denen nur die Anfangsbuchstaben der Wortfolge aneinandergereiht werden, so ORRRDPHUIPG WDRRMSWGRRD. Aufgelöst heißt der Spruch

O Richter richte Recht
Du pist Herr und ich pin Gnecht
Wie Du Richter richtest mich
So wird Gott Richter richten Dich

(Nach Konrad Bedal)

ROTTALFAHRT NACH EGGENFELDEN

Fünfzehn Jahre, die ich das ebene Land und die Hügelwelt Niederbayerns durchfahren habe, haben mir die Gegenden und ihre Menschen nahe gebracht. Was davon blieb, sind Bilder im Wechsel der Jahreszeiten. Etwa im Herbst die Nebelbäume,

Nebelhäuser und Nebelhöfe, die uns zwischen Landshut und Deggendorf begleiten und die Weite nur ahnen lassen; wer von der Hauptroute abzweigt, verliert sich leicht und wenn es noch dazu Nacht ist und weit und breit kein Dorf, kein Haus zu sehen ist, bemächtigt einen das Gefühl des Verschollenseins in Niederbayern. Eine Fahrt im Frühjahr über Dorfen, Buchbach, Ranoldsberg ist wie ein Hineintauchen in ein Gewölbe aus blühenden Obstbäumen. In der weithin sichtbaren Kirche von Ranoldsberg überraschen uns die schönste der schönen Madonnen Niederbayerns und ein großartiges gotisches Tafelbild der Kreuzigung Christi mit viel Gedräng. Dann Eggenfelden. Schön gelegen winkt es mit der stolzen spätgotischen Pfarrkirche von Michael Sallinger, die einen mächtigen Westturm von fünf Geschossen besitzt. Der vor einigen Jahren vorbildlich erneuerte Innenraum zeigt reich figurierte Gewölbe und einen monumentalen Gekreuzigten von um 1500. Ein Marienkrönungsaltar im Dreipersonentyp ist Landshuter Spätgotik in der Fassung des 19. Jahrhunderts. Interessante Epitaphien finden sich hier, auch in der Friedhofskirche, der Heilig-Geist-Spitalkirche und Franziskanerkirche. Das kleine Rathaus mit geschweiftem Giebel und Türmchen stammt aus dem 17. Jahrhundert.

STADT DES PFERDES: PFARRKIRCHEN

Pfarrkirchen ist die Stadt der Rottaler Füchse, der Pferdezucht und der Pferderennen. Beutepferde, die von den Ungarneinfällen zurückblieben, sollen den Anstoß gegeben haben. Neben den Straubinger Pferdemärkten waren die Pfarrkirchner Märkte die größten. Um 1895 wurde die Trabrennbahn gebaut, die erste in Bayern. Im nahen Schildturn, das den höchsten Dorfkirchturm Niederbayerns in den Himmel schickt, ist der Leonhardiritt bis heute nicht ausgestorben. Der Pferdestadt hat ein großer Bildhauer das Denkmal des Pferdes geschenkt, lebensgroß in Bronze, nach dem Schöpfer kurz »Wimmer-Roß« geheißen. Professor Hans Wimmer, ein geborener Pfarrkirchener, ist mit Bildwerken in vielen Städten und Museen der Welt vertreten. Über seine Jugend und Kindheit in Niederbayern hat er ein reizvolles kleines Buch geschrieben, das so beginnt: »Der hügelige Teil Niederbayerns zeigt eine vulkanische Formation. Heute bohren sie dort nach Öl und heißen Wasserquellen. Er wird durchzogen von einem Flüßchen, das ein mildes Moorwasser mit sich führt, die Rott. Sie nimmt ihren Anfang noch im Oberbayerischen, fließt durch Niederbayern von Westen nach Osten, bis sie kurz vor der österreichischen Grenze sich in den Inn ergießt, der bei Passau in die Donau mündet. Das ist das Rottal. (Manche meinen der Name Rottal leite sich her von Roßtal.) Die Höhen, die in sanften Zügen den Fluß begleiten, sind bewaldet, das übrige Land ist ein einziges Getreidefeld.«

Von der Höhe über Pfarrkirchen grüßt uns die große Wallfahrt des Rottals: Gartlberg. 1669 wohl von Dominikus Zucalli erbaut, besitzt der Chor eine üppige Stuckdekoration nach Art des Passauer Domes, während die elegante Stukkatur der Langhausdecke ein aus der Pfarrkirchener Bildhauerfamilie Bendl stammender Meister schuf, Ehrgott Bernhard Bendl, Bildhauermeister in Augsburg.

LÄNDLICHES BAD BIRNBACH

Zu den Orten, bei denen man gebohrt hatte und mit Thermalwasser fündig wurde, gehörte Birnbach. Durch die Bohrung 1972/73 wurde Birnbach zum Thermalbad. Obwohl diese Entwicklung sehr schnell verlief - sozusagen von Null Übernachtungen auf 480 000 in 12 Jahren - hat sich Birnbach seinen ländlichen Charakter bewahrt. Der Kurort Bad Birnbach ist ein Dorf geblieben trotz Rottaltherme, Rottaler Hof, Quellenhof, Hofmark-Hotel und Hofmark-Bar.

Die Umgebung von Bad Birnbach und Bad Griesbach ist reich an Sehenswürdigkeiten, die leicht in einem Tagesausflug erreicht werden können. Nennen wir da die Wallfahrtskirche Mariä Heimsuchung in Langwinkel, Pfarrei Bayerbach, auch der »kleine Gartlberg« genannt. Sie grüßt freundlich von einem Hügelzug der alten Hofmark Bayerbach an der Rott herab. Der Bau, wohl von dem Graubündner Meister Bartholomäus Viscardi, wurde 1974-1976 mit viel Liebe und Einsatz restauriert.

Karpfham war einmal eine dem Bischof von Passau unterstehende Großpfarrei (mit Weng und Griesbach). Seine stattliche spätgotische Pfarrkirche besitzt ein Netzgewölbe mit farbigen Rippen und Ranken; desgleichen einen köstlichen harfespielenden König David, wohl von der Hand des Passauer Bildschnitzers Andre Erlacher.

Nicht weit von Karpfham, das durch den Pferdehandel und sein Volksfest (das älteste in Bayern) in den Bauernkalender eingeschrieben ist, liegt das ehemalige Benediktinerkloster Asbach. Vor Jahren noch eine verrottete Klosterruine, Opfer der Säkularisation von 1803, heute ein Kunst- und Kulturmittelpunkt des Rottales, der die Gäste des Bäderdreiecks anzieht. Die klassizistische Kirche des jüngeren Cuvilliés hat mit ihren Altären und Fresken späten benediktinischen Glanz und Geist eingefangen. Oder Rottalmünster, der exemplarisch niederbayerische Markt, ein leicht ansteigendes Rechteck, vom Gasthof Herndl (mit Stuckrelief von Modler) bis hinauf zum Rathaus von 1836, von Bürgerhäusern mit zum Teil geschwungenen Giebelfronten begleitet.

Noch eindrucksvoller Kößlarn! Wie eine große Serpentine steigt der Marktplatz zur Wallfahrtskirche - einer gotischen Kirchenburg - hinauf, die heute von einer Barockzwiebel gekrönt ist. Im Schatzhaus der Wallfahrtskirche wird eine spätgotische Silbermadonna des Passauer Goldschmiedes Balthasar Waltensberger gezeigt, die den Meisterwerken burgundischer Hofkunst nicht nachsteht.

IN SCHÖNSTER UMGEBUNG: BAD GRIESBACH

In Griesbach hatte man 1977 ein bescheidenes Kurmittelhaus zu bauen begonnen. Ein Hotel und eine Gaststätte auf der Höhe über dem Rottal kamen hinzu. Das wachsende Bad zählte 1986 bereits 14 Hotels, Appartementhäuser und Sanatorien. Mit 700 000 Übernachtungen erreichte man 1987 den zweiten Platz hinter Bad Füssing.

Im Norden von Bad Griesbach wie auch von Bad Birnbach aus, lassen sich reizvolle Kirchen und Ortsbilder in Tagesausflügen entdecken: Das spätgotische Kleinod Grongörgen, als Wallfahrtskirche dem Heiligen Papst Gregor dem Großen geweiht (daher der Name Großer Georg), die stattliche Marienwallfahrtskirche in Sammarei mit ihrem raumfüllendem fünfteiligen Hochaltar des Frühbarocks von Jakob Bendl aus Pfarrkirchen. Die ehemalige

Griesbach im Rottal (vor 1920)

Klosterkirche St. Salvator wurde jüngst restauriert und besitzt Altäre des Bildhauers Josef Deutschmann von St. Nicola bei Passau. Ortenburg ist eine evangelische Enklave im niederbayerischen Hügelland mit einer Grafenburg und einem Grafenhaus, das einmal den Wittelsbachern Paroli bot. Heute ist das Schloß Heimatmuseum und besitzt in der Schloßkirche eine der prächtigsten Renaissance-Kassettendecken Deutschlands. Und schließlich sei noch auf das ehemalige Zisterzienserstift Aldersbach hingewiesen, das in einem Tagesausflug leicht zu erreichen ist. Dort erwartet uns eine großartige, von den Brüdern Asam ausgestattete Klosterkirche mit hochbarokken Schnitzaltären, dann eine, ihres alten Bücherbestandes beraubte Klosterbibliothek mit Fresko von Mathäus Günther aus Augsburg. Beschlossen wird die Besichtigung gerne mit dem Besuch des niederbayerischen Brauereimuseums und einem Umtrunk im gemütlichen Bräustüberl.

DREI STÄDTE AN DER ISAR

LANDAU – UNTER- UND OBERSTADT

Langgestreckt, als eine niederbayerische Bergstadt, baut sich Landau, die Civitas Herzog Ludwigs des Kelheimers, über dem südlichen Steilufer der unteren Isar auf. Es ist immer der gleiche bewegende Eindruck: Ob man nun durch die gemächlich zu Platzräumen sich weitende Oberstadt hineinfährt und in die Unterstadt fällt, oder umgekehrt von der ausgedehnten Unterstadt langsam die Oberstadt, in der die Pfarrkirche steht, gewinnt. Es herrscht hier ein reges Leben vor und hinter den Fassaden, Häuser werden restauriert, Läden eingebaut, Fenster erweitert. Was man dieser Stadt wünschen möchte, wäre ein behutsamer Umgang mit ihrer historisch gewachsenen, dem Regelmaß verpflichteten Architektur. Sie besitzt schöne Kirchen und Kunstdenkmäler.

Etwa die Pfarrkirche Mariä Himmelfahrt. Auch hier ist das Äußere erneuert. Unter Einbeziehung des alten Turms hat man um 1713 eine stattliche Wandpfeilerkirche aufgerichtet, dazu einen Hochaltar mit einem schwungvollem Gemälde von Johann Caspar Sing, dem Münchner Hofmaler bestellt. Um 1725, gleichzeitig mit dem Hochaltar, erhielt diese Kirche ihre stolze Reihe barocker Seitenaltäre. Im fortgeschrittenen Rokoko stiftete man noch das letzte Paar der Seitenaltäre hinzu und gab dem Stadtkirchturm die neue Haube. Dabei muß die Landauer Stadtkirche schon in spätgotischer Zeit eine vorzügliche Altarausstattung gehabt haben. Hauptteile des Hochaltars sind uns sogar etwas versteckt in der Kirche erhalten. In einer Kapelle, gleich beim rückwärtigen Eingang, über ein paar Stufen hinauf, sind die großen Flügel mit Szenen aus dem Marienleben aufgestellt. Man kann sie durch das Gitter betrachten. Geschnitzte Reliefs, die in Anordnung und Auffassung einer Landshuter

Porträt Jakob Zieglers - von Wolf Huber (1480-1553)

Schnitzerschule angehören, die die feinen Schnitzaltäre in Gelbersdorf und Jenkofen hervorgebracht hat.

In der oberen befestigten Stadt und auf deren höchsten Punkt, erhob sich das herzogliche Schloß, von dem heute immerhin noch das Hauptgebäude mit mächtigem Steildach erhalten ist. Sehenswert ist das Heimatmuseum, das vom Kreisheimatpfleger und dem Förderverein mit viel Liebe und Geschick eingerichtet wurde, sodaß sich auch die prähistorische Staatssammlung in München bereit erklärte, es durch zahlreiche Leihgaben zu bereichern. Landau ist die Geburtsstadt des Humanisten Jakob Ziegler, der von 1470 bis 1549 lebte. Der vielseitige Mann war als Theologe, Historiker, Geograph, Astronom und Mathematiker eine echte Gelehrtennatur, zuletzt im Kreise des Musenhofes um Bischof Wolfgang von Salm in Passau. Dort hat ihn Wolf Huber eindrucksvoll porträtiert: ein kantiges Gesicht mit schmalem Mund und weißem Bart, vor der Kulisse schneebehafteter Berge.

DINGOLFING:
ALTE HERZOGSTADT
MIT NEUER INDUSTRIE

Dingolfing. Der Bergrücken und ein Stück hochwasserfreies Land an der unteren Isar zogen schon früh streifende Jäger an, wie Spuren aus der mittleren Jungsteinzeit vermuten lassen. Bedeutsam wird der Ort unter den Agilolfingern als Herzogspfalz und Verwaltungssitz. Dann unter den Karolingern als der Ort 773 als »Villa Publica« bezeichnet wird. Die Altsiedlung im Tal war in den Besitz des Bischofs von Regensburg gelangt. Dann, im Zuge der von den wittelsbachischen Herzögen betriebenen Landespolitik, besetzte Herzog Otto II. den

Stadtpfarrkirche St. Johannes in Dingolfing (1935)

über dem Ortskern gelegenen Bergsporn, die heutige Obere Stadt und gründete hier eine befestigte Burgsiedlung, die alsbald mit der Unterstadt durch Mauern und Türme umschlossen und wehrhaft wurde.

Die Spätgotik brachte die kulturelle und wirtschaftliche Blütezeit, nachdem Herzog Heinrich der Reiche im Jahr 1436, die damals zu Bayern-Ingolstadt gehörende Stadt eingenommen hatte. In dieser Zeit wurde der herzogliche Kastenhof (heute ein stilvoll eingerichtetes Museum) um 1421 erbaut, wohl auch der daran stoßende, heute verschwundene Pfleghof, beide in der oberen Stadt gelegen und einst durch Gänge verbunden. Es entstand in der Unterstadt als Hauptwerk später Gotik, die Stadtpfarrkirche St. Johannis als stattliche Hallenkirche in einheitlicher Backsteintechnik mit ihrem schlanken helmgekrönten Turm.

Die Hochbrücke - eine auf hohen gemauerten Ziegelpfeilern und Bögen ruhende Brücke - vermittelt den Zugang über die Schlucht zur Oberen Stadt.

Wer heute Dingolfing besucht, zweigt von der neuen Autobahn ab und erblickt zuerst, die wie riesige chromblitzende Schachteln aufgereihten Werkshallen der Bayerischen Motorenwerke. Den Grundstein zur Industriestadt Dingolfing hat Hans Glas gelegt. Aus einem Reparaturwerk für Traktoren entstand die einzige Automobilfabrik der Nachkriegszeit im Familienbesitz.

LANDSHUT: REGIERUNGSSITZ - »EIN FÜRSTLICHES GESÄSS«

»An der Isar ein fürstlich Gesäß ... an dem nützlichsten und lustigsten Ort vast mitten in bairn, als ein wer und huet des ganzen lands.« So schildert uns Aventin die Lage Landshuts zur Zeit Herzog Ludwigs des Kelheimers. Die Gründungsgeschichte ist in letzter Zeit, vor allem durch die Arbeiten des Stadtarchivars Theodor Herzog, neu erforscht worden. Demnach ist ein römerzeitlicher Übergang über den Fluß zwischen Frauenberg und Altheim anzunehmen. Es ist jenes Altheim, das uns durch jungsteinzeitliche Funde, der sogenannten »Altheimer Kultur« bekannt ist. Im 12. Jahrhundert bewachte hier eine Burg des Regensburger Bischofs den Übergang. 1203 wurde diese Burg vom Herzog geschleift.

Und offenbar hat in der Folge der Auseinandersetzung der Bischof die herzogliche Veste Heilsberg bei Wörth an der Donau zerstört. Durch die Verlegung der Brücke im Jahre 1204 ein Stück flußaufwärts in das herzogliche Territorium - ähnlich wie in München - ist der Anlaß zur Befestigung und weiteren Entwicklung einer Siedlung gegeben, die schon um 1150 als Landshut, also die »Landeshut«, in den Quellen genannt wird.

Ludwig der Kelheimer (1183-1231) ist einer der angesehensten Fürsten im Heiligen Römischen Reich gewesen, einmal sogar der Stellvertreter des Kaisers im Kreuzzug von 1221. Alle seine Städtegründungen sind in ihrer Anlage und Baugesinnung von einer gewissen Großzügigkeit des Plans bestimmt, Zeugnisse also jener Zeit, die sowohl im Burgenbau wie im Städtebau Vortreffliches leistete. Wie auch andere Städte an Salzach und Inn hat Landshut einem Stadtgrundriß mit den handtuchartig schmalen Grundstücken, die sich in die Tiefe erstrecken, gelegentlich einen Hof (Laubenhof) umschließend. Hier ist auch die Gepflogenheit der straßenseitigen Laubengänge anzutreffen. Nur einmal wird die Zeilenform der Altstadtbauweise unterbrochen: mit der italienischen Vorbildern nachempfundenen Stadtresidenz Herzog Ludwig X., dem ersten Schloßbau der Renaissance in Deutschland (1537-1543). Seit 1204 beginnt das »Castrum auf dem Berg« zu wachsen. Es entstehen der Bergfried (Wittelsbacher Turm), der markante Torbau zum inneren Hof mit runden Flankentürmen, die zweigeschossige Kerngruppe der Wohnbauten, des Palas und der Burgkapelle, wie auch der Dürnitz; wahrscheinlich ursprünglich mit einem gemeinsamen Satteldach verbunden. Stadt und Burg müssen beim Tode Herzog Ludwigs des Kelheimers - er starb durch Mörderhand 1231 in Kelheim - schon ein beträchtliches Aussehen gehabt haben. Die Gemahlin des Herzogs, Ludmilla von Böhmen, gründete 1231 das Zisterzienser Kloster Seligenthal und nahm dort den Schleier. Und 1235 ist bei ihrem Sohn Herzog Otto II. mit dem Beinamen »Der Erlauchte«, Kaiser Friedrich II. zu Gast, der große Staufer, der die längste Zeit in Sizilien und Apulien verbrachte. Aus der ritterlichen Dichtung dieser Zeit haben wir Hinweise, daß Sänger wie Reinbot von Durne, Neidhart von Reuenthal und der Tannhäuser auf der Burg Ottos II. gastlich aufgenommen waren. Unter diesem Otto II. war Landshut die Hauptstadt Bayerns (1235-1253).

Mit der Teilung des Herzogtums im Jahre 1255 verliert die Stadt jedoch ihre zentrale Bedeutung.

Herzog Georg der Reiche regierte von 1479 bis 1503. Als er 1475 die polnische Königstochter Hedwig heimführte, sonnte sich Landshut in der eitlen Hoffnung auf eine große Zukunft als Residenz. Doch blieb dem Herzog ein männlicher Erbe versagt. Die Eheleute entfremdeten sich, da die Herzogin, dem Landshuter Gebrauch folgend, ihre Hofhaltung in Burghausen aufschlug. Man braucht nicht gleich von Verbannung zu sprechen. Georg der Reiche setzte schließlich seine Tochter Elisabeth zur Erbin seines Teilherzogtums Niederbayern ein. Darüber brach im Jahre 1504 der »Landshuter Erbfolgekrieg« aus, in dem Herzog Albrecht IV. von Bayern München obsiegte. Er legte im Primogeniturgesetz 1506 fest, daß nun stets der älteste Sohn des Fürsten der Erbe des vereinigten Herzogtums Bayerns sein soll.

Eine Darstellung Herzog Georgs und seiner Gemahlin Hedwig ist uns in der Äußeren Schloßkapelle zu Burghausen erhalten.

Die Burg zu Burghausen wurde zur mächtigsten Abschnittsburg dieser Zeit und

Altstadt von Landshut mit der Heilig-Geist-Kirche (um 1916)

zum Bollwerk gegen Salzburg und Österreich ausgebaut. Die Trausnitz über Landshut erhielt ihren weiten spätgotischen Bering mit Wehrtürmen, Wehrgang und Toren. 1451 wurde eine neue Kemenate gebaut, Kapelle und Palas, der Torturmbau und der Bergfried wurden erhöht. Drunten in der Bürgerstadt aber wuchsen die rassigen spätgotischen Kirchen und Backsteinhäuser von einem fast flandrischem Reichtum der Erscheinung.

Der mächtige Baukörper der Pfarrkirche St. Martin ragt wie ein Gebirge aus Backstein vor uns auf. Ein Turm von schwindelerregender Höhe, der als stämmiger Vierkant beginnt und über ein Oktogon mit begleitenden Treppentürmchen bei dieser Dicke geradezu elegant abgewickelt ist. Die zur Krone ausgebildete Spitze ist das Wahrzeichen, das sich die Bürgerstadt gesetzt hat, um sich gegenüber der Herzogsburg Trausnitz zu behaupten.

KELHEIM: LANDKREIS MIT ANZIEHUNGSPUNKTEN

ALTMÜHLTAL

Der mit der Bayerischen Gebietsreform von 1972 erweiterte Landkreis Kelheim hat Teil am Donautal, Altmühltal, an einem Stück Jura und am niederbayerischen Hügelland. Er ist seit der Altsteinzeit uraltes Siedlungs- und Rückzugsland der Menschen, wie uns die vielen Höhlen in den Felsabstürzen der Altmühl beweisen. In der Gegend von Hienheim wurden Überreste ältester Hausformen gefunden, so das Haus der »Bandkeramiker«, das wahrscheinlich um das Jahr 4000 v. Chr. entstanden ist. Große Urnengräberfelder auf den Altmühlfeldern bei Kehlheim belegen den Zuzug im Zeitraum von 1200 bis 800 v. Chr. Auf dem Michelsberg bei Kelheim, den König Ludwig I. als Standort der Befreiungshalle auswählte, bestand das keltische Oppidum Alkimoennis.

Wer den Grundriß der Stadt Kelheim betrachtet, fühlt sich an ein Römerkastell erinnert: ein Rechteck, in dessen Mitte sich die beiden Hauptstraßen kreuzen. Jedoch haben wir hier die regelmäßigste Stadtgründung der Wittelsbacher vor uns. Wahrscheinlich geht die Anlage auf Herzog Ludwig II., den Strengen zurück. Herzog Otto I. ist die Erhebung zur Stadt (1181) zu verdanken. Sein Sohn Ludwig der Kelheimer residierte in Kelheim und ist gleichfalls als Städtegründer in die bayerische Geschichte eingegangen. An sein gewaltsames Ende durch einen Unbekannten erinnert eine Inschrifttafel im Bogen des Donautors, das zu einer Kapelle umgewandelt wurde:

»Anno 1231 hat regirt 47 Jar Hertzog Ludwig der Erste des Namens unter den Herrn von Bayrn. Er hat gepaut Landshut, Straubing und Landau. Dießer Fürst ist hie zu Kelhaim vor diser Kapelen von einem Narn erstochen worde. Da haben die Herren von Bayern die Kapelen und Propstei gestiftet.« Ludwigs Sohn, Otto II., verlegte seine Residenz nach Landshut, wodurch Kelheim seine Bedeutung verlor. An die

Kelheim und die Befreiungshalle (1914)

herzogliche Zeit erinnert das Herzogschloß - heute Sitz des Landratsamtes - und der alte Herzogkasten, heute ein Gymnasium.

Durch den Bau der Befreiungshalle, der 1842 begonnen wurde, gab ein Wittelsbacher des 19. Jahrhunderts - König Ludwig I. - Kelheim einen Anziehungspunkt besonderer Art. Am 18. Oktober 1863, dem 50. Jahrestag der Völkerschlacht bei Leipzig, wurde die »Befreiungshalle« feierlich eröffnet. Im Zentrum des Marmorbodens der lichten Pfeilerhalle lesen wir die Inschrift - eine Mahnung König Ludwigs I.: »Möchten die Teutschen nie vergessen, was den Befreiungskrieg notwendig machte und wodurch sie gesiegt!«

Neustadt an der Donau zeigt wie Kelheim das planmäßige Schema einer von Herzog Ludwig dem Strengen (ab 1250) gegründeten Stadt. Trotz mancher Kriegszerstörungen - die letzte betraf die Stadtpfarrkirche St. Laurentius 1945 beim Einmarsch der Amerikaner - sind noch viele Bürgerhäuser aus der Spätgotik, auch das Rathaus mit Erdgeschoßhalle und Erker erhalten.

Burg Prunn im Altmühltal

Das ehedem so romantische Altmühltal weist trotz der entschiedenen Kanalregulierung noch einige Glanzpunkte auf: die kühn auf einem Felsen thronende Burg Prunn, auf der eine Handschrift des Nibelungenliedes gefunden wurde; dann die Ruine Randeck über Altessing, die eine großartige Aussicht über das Juragebiet und das Altmühltal gewährt; Neuessing mit seinen berühmten Höhlen; und schließlich Riedenburg mit seinen drei Burgen Rabenstein, Drachenstein (Ruinen) und der wohlerhaltenen Rosenburg (Museum).

IM HOPFENLAND ZWISCHEN ABENS UND LAABER

Im Süden des Landkreises Kelheim erblickt man die ersten Karrees der Hopfenstangen. Hier bei Siegenburg, einem gemütlichem Markt mit Schloß und Bräu, beginnt Altbayerns größtes Hopfenanbaugebiet: die Hallertau. Zu Niederbayern gehört allerdings nur der Teil bis Mainburg und Marzill. Mainburg liegt schön hineingebettet in das Herz des Hopfenlandes, umgeben von Hügeln, aus denen die barocken Zwiebeltürme spitzen. Da ist dann noch Lindkirchen und die hübsch gelegene Wallfahrt von St. Anton. Die Kirche in Gasseltshausen, wahrlich ein Unikum der romanischen Backsteinbaukunst, wächst in mehreren Geschossen wie ein Turm aus der Landschaft. Der behäbige Marktplatz von Abensberg lädt zur Rast ein. Ist uns doch der Hofwirt - das Geburtshaus des Johann Turmair, genannt Aventin - ursprünglich erhalten; am 4. Juli des Jahres 1477 kam Bayerns Geschichtsschreiber zur Welt. Ein stattliches Giebelhaus mit Putzbändern und halbrunder Einfahrt. Im Kreuzgang des ehemaligen Karmeliterklosters befindet sich das Grabmal des Grafen Johann III.

von Abensberg, des Vorletzten aus dem sagenhaften Geschlecht der Babonen.

Die romanische Dorfkirche von Gögging ist die alte Pfarre von Abensberg und steht auf den Überresten eines römischen Heiligtums. Das Überraschendste ist der geschlossen gehaltene Zyklus romanischer Reliefdarstellungen an der Kirchenmauer. Bad Gögging besitzt die stärksten Schwefelquellen Süddeutschlands und neue Kurhäuser, deren Namen, wie »Trajansbad« oder auch »Römerbad«, an die römische Vergangenheit erinnern.

Das bekannteste Bad ist Bad Abbach, wo schon Kaiser Karl V. 1532 Heilung suchte.

Bei Weltenburg zwängt sich die Donau durch hundert Meter hohe graue Dolomitfelsen, eine großartige Szenerie skurriler Felsformen, derer sich der Volksmund bemächtigt hat: »Bayerischer Löwe«, »Bienenkorb«, »Peter und Paul« werden sie genannt.

Das bayerische Urkloster Weltenburg liegt geborgen im Bogen der Donau. Hier, an geschütztem Ort, soll Abt Eustasius von Luxeuil eine Missionsstation gegründet haben, die Herzog Tassilo III. 760 zur Benediktinerabtei erhob. Abt Maurus Bächl rief die Brüder Asam zu einem Kirchenbau, der leibhaftig das Wunder des Drachenstichs des Hl. Georg veranschaulicht.

Die ehemalige Klosterkirche Biburg bei Abensberg stellt das Musterbeispiel eines romanischen Kirchenbaus nach der »Hirsauer Schule« dar, noch klarer ausgeprägt als ihr Vorbild in Prüfening bei Regensburg. Auch in Mallersdorf im Tal der Kleinen Laaber ist uns noch der Westteil der ehemaligen romanischen Kirche mit viereckigen Doppeltürmen und ein Portal mit Fabelwesen und allegorischen Darstellungen erhalten. In die neugebaute Wandpfeilerhalle des Barock fügt sich der Rokokohochaltar von Ignaz Günther als ein Glanzstück altbayerischer Bildhauerkunst hinein.

DIE DREIFLÜSSESTADT PASSAU

Drei Flüsse und sechs Ufer bestimmen die geografische Lage der Passavia. Und wie der Name der Stadt, der auf das antike »Batavis« zurückgeht, den Eindruck des Fließens vermittelt, so ziehen für den, der die Stadt »betritt«, im schnellen Wechsel Bilder vorüber, die das Auge betören. Schluchtenge Gassen, die auf der einen Seite zum Inn hinführen, auf der anderen zur Donau steil abfallen. Mit Venedig, das oft berufen wird, hat das nichts zu tun. Abgesehen davon, daß der Vergleich um vieles zu hoch angesetzt ist, fehlt die Weite und Offenheit der Lage in einer lichtoffenen Lagunenlandschaft, das Schweben der auf Pfähle gebauten Paläste. Passau, das von den Ufern seiner Flüsse geradezu eingeengt wird, ist eine Stadt von dramatischer Schönheit, bei der die Nähe des Wassers und das betörende Grün der Ufer den Betrachter bedrängen. Näher läge da schon der Vergleich mit Salzburg. Aber auch hier ist der Eindruck ein anderer, mehr dem Mittelalter verhafteter. Das breitgelagerte spätgotische Rathaus von Passau und der hochragende Domchor sprechen im Stadtbild viel nachdrücklicher mit als Salzburgs mittelalterliches Bauwerk, das stärker vom Barock geprägt und überdeckt ist. Und die Gassen zwischen Donau und Inn sind eng wie Schluchten. Wo sich am Ende der Gassenschluchten ein Ausblick auftut, steht das Laub der Oberhausleite wie eine grüne Mauer vor Augen. Auf der Gegenseite weitet sich das Flußtal des Inns und grüßt uns die donauländische Wallfahrt Maria Hilf vom grünen Hügel herab.

Zwei Vorstädte von eigenem Charakter rahmen die »Inselstadt« auf dem immer schmaler werdenden Gneisrücken ein: die Innstadt und die Ilzstadt, beides Siedlungen entlang den Straßen. Im Sommer sind die Straßen und Gassen der Stadt voll mit Tagestouristen. Die etwas lokalpatriotisch getaufte Fritz-Schäffer-Promenade an der Donau gleicht heute einer Armada von Omnibussen, und die Motorboote der Dreiflüsserundfahrten können den Andrang der Touristen kaum fassen. Auf dem Rathausplatz und in den kleinen Gastgärten entlang der Donau bis hinunter zum Ort herrscht reger Betrieb. Die schönste Promenade, die Passaus lateinische Inn-Salzach-Bauweise zeigt, zieht sich von der Innbrücke zum Ort hinunter, wo die kubischen Baublöcke der Jesuitenkirche und des ehemaligen Jesuitenkollegs (heute Gymnasium Leopoldinum und Katholisch-Theologische Fakultät der Universität) dicht an den Inn gerückt aufragen.

In Passau treffen nicht nur drei Flußtäler, sondern auch drei Kulturstraßen zusammen. Über die Innstraße wanderte eine Legion oberitalienischer Bauleute, Stukkateure und Maler in die Dreiflüssestadt. Auch wenn die meisten im Winter wieder in ihre Heimat zwischen Comer- und Luganersee, ins Intelvi-Tal zurückgekehrt sind, so hinterließen sie doch in dieser nördlichen Stadt einen merklichen Teil ihres Könnens in den dominierenden Kirchen der Bischofsstadt und in den Schlössern und Bürgerhäusern.

Über den Inn, die große Einfallspforte aus dem Süden, kamen viele Tiroler, die Bildhauer Josef Deutschmann, Andre Erlacher, Josef Bergler d. Ä. und als Schüler Deutschmanns, der später in Wien zu Ruhm gelangte Klassizist Franz A. Zauner.

Mit Böhmen verband die Stadt ein alter Handelsweg, »Goldener Steig« geheißen. Hans der Krumenauer wird als einer der führenden Werkmeister am Passauer Dombau um 1400 genannt (aus Krumau in Südböhmen), sein Sohn Stefan beherrscht das Bauwesen zwischen Donau und Inn von Braunau aus (Pfarrkirche St. Stephan) bis Wien (Stephansdom).

Passau war zugleich die Pforte nach Österreich. Dies gilt von den Tagen des Bischofs Piligrim und seiner Ostkolonisation um das Jahr 1000 bis in die Zeit der napoleonischen Kriege. Napoleon persönlich legte in seiner »note sur Passau« einen strategischen Plan zum Ausbau der Dreiflüssestadt als Festung gegen Österreich dar, der sich freilich zeitgebunden von selbst überholt hat.

Der Hauptteil der Touristen sucht die Passauer Sightseeing-Superlative auf, um nicht zu sagen, hakt sie ab: der größte Barockdom nördlich der Alpen mit der größten Orgel der Welt, das schönstgelegene Museum Deutschlands auf Burg Oberhaus und wie derlei Sehenswürdigkeiten gerne apostrophiert werden. Seltener schon, daß eine Besuchergruppe das Domschatz- und Diözesanmuseum besichtigt oder das in einem mit Einfühlung erneuerten geschichtsreichen Haus in der Bräugasse gelegenem Museum Moderner Kunst (Stiftung Wörlen) aufsucht.

Zu den Entdeckungen, die Passau einem Besucher auf Zeit bietet, gehört der Besuch von Niedernburg, der ältesten Kirche der Stadt mit ihren romanischen Fresken im Läuthaus der Marienkirche oder die Figur des Lesenden Mönchs in der Klosterkirche Heilig-Kreuz, die aus der Kriechbaumwerkstatt hervorgegangen ist. Aus dieser Werkstatt, einer der größten der deutschen Spätgotik, stammt, aller Wahrscheinlichkeit nach, auch der berühmte Kefermarkter Altar im österreichischen Mühlviertel. Das Grabmahl der Königin Gisela von Ungarn schmücken noch heute Kränze mit Schleifen in den ungarischen Nationalfarben.

Im Domhof, wie der große 1810 abgebrochene Kreuzgang heute heißt, entdeckt man in einer Ecke neben dem spätgotischen Portal ein Maskenkapitell von feinster Bildhauerart: ein Frauengesicht, das ein geheimnisvolles Lächeln umspielt und darum die Passauer Mona Lisa genannt wird.

Die Stadt steckt voller Geschichte und Geschichten. Einer der beides, Geschichte und Geschichten, zu verbinden wußte, war der Königlich bayerische Oberamtsrichter Anton Niederleuthner. Ihm verdankt Passau das erste Waldvereinsmuseum im Observatoriumsturm des Oberhauses (1885). Wie so oft war die Idee dazu am Stammtisch bei der »Felsliesl« - einer berühmten Wirtin in der noch heute bestehenden Wirtschaft »zum Felsn« in der Ilzstadt - geboren worden. Am Stammtisch saßen die Offiziere der Militärstrafanstalt auf Oberhaus neben den Honoratioren der Stadt; im daneben liegendem Salettl die Wärter mit den zu Festungshaft verurteilten Häftlingen. Niederleuthners liebster Zechkumpan war der Historienmaler Ferdinand Wagner, der um 1890 die Veste Niederhaus erworben hatte und daranging, sie im altdeutschen Burgenstil prachtvoll auszustatten. Niederleuthner stammte aus der Familie der Besitzer des Hotels »Zum Wilden Mann« und war mit den Ereignissen der Passauer Geschichte bestens vertraut; er hatte Wagner bei seinen Historienbildern im großen Rathaussaal beraten, wodurch diesen wohl ein Höchstmaß an historischer Authentizität zuteil wurde. Eine gewisse Freizügigkeit bei den »Zwickelbildern« war als künstlerische Freiheit hingenommen worden. Bei seinen Fresken im Kneippzimmer des Ratskellers setzte sich der Wagner eigene Humor durch. Er porträtierte sich selbst und Niederleuthner mit der Inschrift: »Das sind die zwei Gesichter vom Maler und vom Dichter!«

Als Wagner um 1900 zur Ausmalung des Rittersaals in seinem Wohnsitz Niederhaus schritt, entstand schließlich die reinste Passauer Chronique scandaleuse, von der, wie Gottfried Schäffer schreibt - »damals photografische Abbildungen die Würze aller Stammtischgespräche bildeten. Kein Wunder, da er dabei nicht nur die Schwächen des Magistrates, sondern auch die delikaten Abenteuer seines Zechgenossen, des berühmten Anton Niederleuthner als Sujet wählte.« Dem Vorstand des Passauer Waldvereins Anton Niederleuthner ist es zu verdanken, daß der Meraner Hofphotograph Bernhard Johannes im Sommer 1887 die herrlichen »Naturaufnahmen« zum Waldvereinsalbum fertigte. Zwei Jahre später übernahm der Photograph Alphons Adolph aus Löbau in Sachsen das Passauer Atelier des Hofphotographen August Ducrue. Adolph gilt heute als Erfinder der photographischen Ansichtspostkarte. Die ersten Lichtdruckhandpressen entstanden schon 1879 in Löbau. Das Photogeschäft Adolph wird heute noch am Kleinen Exerzierplatz Nr. 14 in Passau geführt.

Das Glanzgold, vorwiegend für die Porzellanmalerei bestimmt, wurde 1858 in der Zeit des ausgehenden Biedermeier nach langem Experimentieren in einer Passauer Waschküche erfunden. Glanzgold, als Ersatz für das teure Blattgold, legte den Grund für den Reichtum der Familie Bergeat, für das Aufblühen der Lenk'schen Porzellanfabrik gegen die Jahrhundertwende hin, für die üppigen Vergoldungen des Rahmenwerks der luxuriösen Villenausstattungen des 19. Jahrhunderts, der Wiener Gründerzeit bis zum Jugendstil hin und der Münchner Seidl- und Lenbachära.

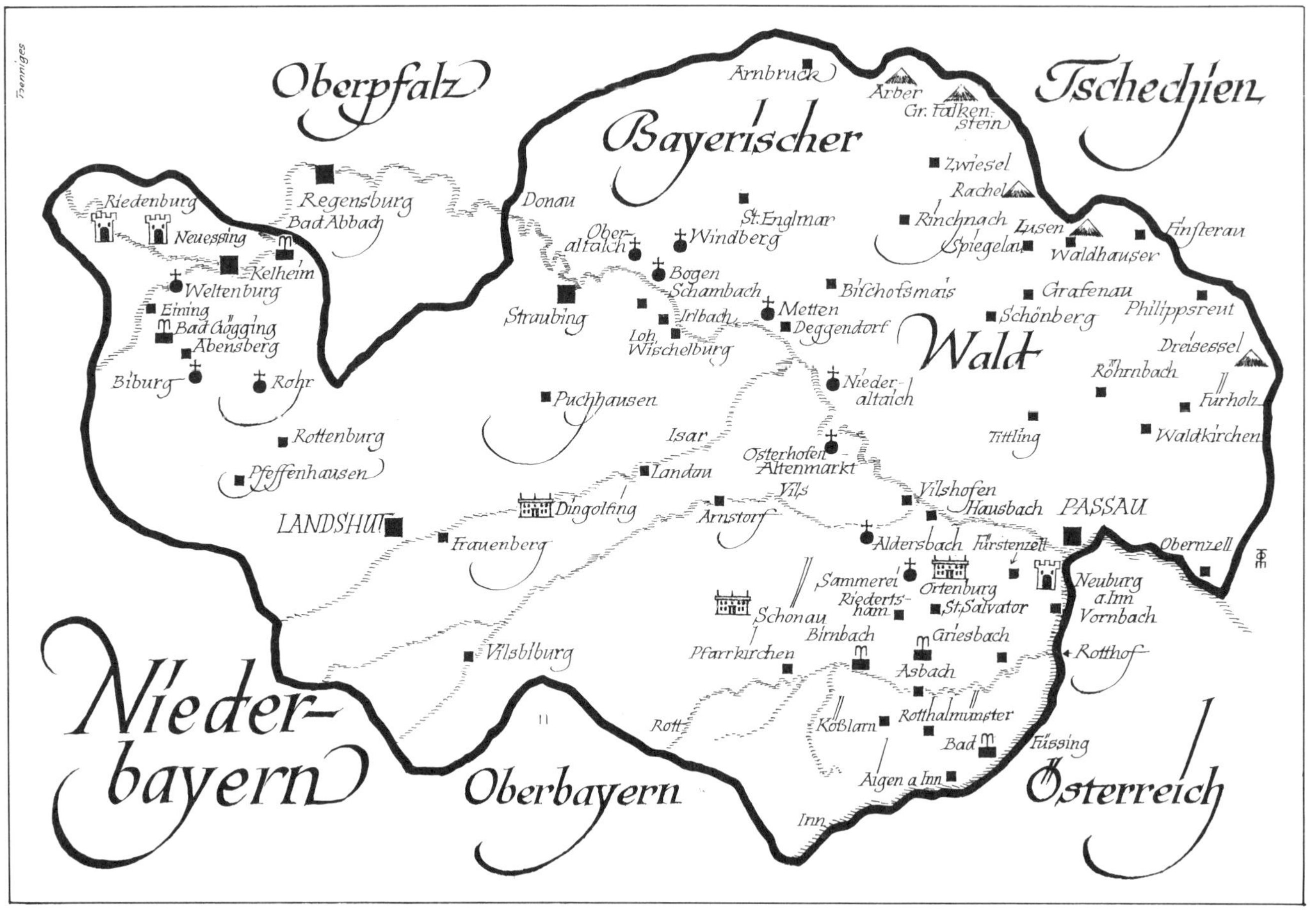

Glanzgold wurde zur Symbolfarbe der Gründerzeit. Es war natürlich Ölgold, heute noch zu sehen in den Prunksälen des Passauer Rathauses und im Lichthof der Villa Bergeat in der Neuburger Straße (heute Universitätsverwaltung).

Carl Amery, einer der es wissen muß, denn er ist in der Bräugasse zu Passau aufgewachsen, schreibt: »Wer von außen kommt, von einer Großstadt, empfindet aber besonders stark den Hang zum Provinziellen ... Vielleicht umso stärker, je mehr ehemalige Passauer er draußen in der großen Welt kennengelernt hat: großzügige amüsante Leute meistens, die es zu etwas gebracht haben, ohne zu Karrierekletterern geworden zu sein. Er zieht oft den Schluß, daß diese Leute aus Passau ›geflohen‹ seien, ... um freier atmen zu Passauer in der Welt sind typische Produkte ihrer Heimat, umso typischer je weniger sie von sich hermachen, es steht ihnen nicht dafür, wie der bayerisch-österreichische Ausdruck lautet.

Da ist der selbständige Gewerbetreibende, der plötzlich aus der Passauer Versenkung auftaucht, zum Erstaunen der Weltblattkritiker irgendwo in Salzburg oder in einer anderen Karawanserei des Musikbetriebs eine Symphonie dirigiert, gut temperamentvoll und kompetent, um dann wieder in seinem Laden zu verschwinden ... und da ist der reizende alte Geistliche, der jederzeit einen Lehrstuhl für Germanistik an jeder beliebigen Universität besetzen könnte, aber lieber in der Gasse neben seiner Lieblingskirche sitzen bleibt ...«

LITERATUR

Amery, Carl, Passau, die Dreiflüssestadt, in: Unbekanntes Bayern, Bd. 9, herausgegeben von Alois Fink, München 1964 und 1976.

Beunruhigung in der Provinz, 10 Jahre Scharfrichterhaus, herausgegeben von Walter Landshuter und Edgar Liegl, Passau 1987.

Bayerischer Wald, mit einer Einleitung von Siegfried von Vegesack, zusammengestellt unter Mitwirkung des Fremdenverkehrsverbandes Ostbayern, München o. J.

Beckenbauer, Alfons, Begegnung mit Landshut, Regensburg 1976.

Derselbe, Landshuter Universitätsprofessoren, Landshut 1970

Bleibrunner, Hans, Niederbayern, Kulturgeschichte des Bayerischen Unterlandes in zwei Bänden, herausgegeben vom Bezirkstag von Niederbayern, Landshut 1976-1980.

Derselbe, Niederbayerische Heimat, 8. neubearbeitete Auflage, Landshut 1987.

Carossa, Hans, Führung und Geleit, Leipzig 1933.

Derselbe, Ausstellungskatalog 8 der Bayerischen Staatsbibliothek, München 1968.

Deggendorf in alten Photos, Photographien 1870-1959 mit einem Text von Erich Kandler und Franz Kuchler, Passau 1980.

Diess, Wilhelm, Stegreifgeschichten, München 1956.

Fink, Alois (Herausgeber), Auf der Sonnenseite des Bayerischen Waldes, ein Heimatbuch des Landkreises Deggendorf, Deggendorf 1983

Huber, Kurt, Bericht über das Erste Niederbayerische Preissingen in Landshut, Landshut 1931.

Hubensteiner, Benno, Bayerische Geschichte, München 1977.

Huber, Alfons und Pramer, Johannes, Straubing in alten Ansichten, Zaltbommel 1983.

Huch, Ricarda, Im alten Reich, Leipzig 1927-1929.

Heller, Horst Paul, Die fürstliche Schriftstellerin aus Schönburg, in: Heimatglocken, Beilage zur Passauer Neuen Presse. Nr. 1 1994.

Kammerer, Ernst, Alltag bis Zwetschgendatschi, München 1962.

Kristl, Wilhelm Lukas, Das Verstörte Fest, Gesammelte Werke von Heinrich Lautensack, München 1966.

Lichnovsky, Mechtilde, Kindheit, Wien 1934.

Niederbayern, Sonderheft der Zeitschrift »Bayerland«, Passau - München 1956.

Niederbayern, Zeitschrift für Kultur und Kunst, Geschichte und Gegenwart, Passau 1980-1981.

Oberneder, Marzell, Straubing, Attenkofersche Verlagsbuchhandlung Straubing o. J.

Rosenberger, Ludwig, Adalbert Stifter und die Lakkenhäuser, Hamburg 1948.

Ortmeier, Martin, Zum Sachl. Teil 1-3, Schriften des Freilichtmuseums Finsterau, Landshut 1985.

Rupprecht, Bernhard und Von der Mülbe, Wolf Christian, Die Brüder Asam, Sinn und Sinnlichkeit im Bayerischen Barock, Regensburg 1980.

Schäffer, Gottfried, Begegnung mit Passau, Regensburg 1979.

Derselbe, Passau in alten Ansichten, Zaltbommel 1978.

Schindler, Herbert, Reisen in Niederbayern, München 1975 und 1985.

Derselbe, Passau, Führer zu den Kunstdenkmälern der Dreiflüssestadt, Passau 1990.

Schusteröderhof, Niederbayerisches Bauerhofmuseum Massing, Massing 1974.

Sellner, Christiane, Glastage - Glasnächte, in: Bayerischer Wald, Viechtach 1993.

Straubing, Sonderheft der Zeitschrift Bayerland, Redaktion: Maria von Berchem, München o. J.

Stadlthanner, Helmut und Peda, Gregor, Basilika Osterhofen-Altenmarkt München-Zürich 1983.

Widmann, Werner A., Von München zur Donau, Landschaft, Geschichte, Kultur, Kunst, Nürnberg 1966.

Weichslgartner, Alois J., Bad Abbach - Markt und Schwefelbad an der Donau, Kurzer Führer, Kelheim 1958.

ORTSVERZEICHNIS

Kursiv gesetzte Zahlen verweisen auf die Farbabbildungen.